Mosaik bei
GOLDMANN

Buch

Erfolg ist keine Frage des Talents, sondern eine Frage der richtigen Einstellung. Mentalcoach Steffen Kirchner lüftet die Geheimnisse von Gewinner-Persönlichkeiten und verrät 25 wesentliche Erfolgsrezepte, wie zum Beispiel das Gesetz der Motivfindung, der Gedankenkraft, des Expertentums oder des Selbstvertrauens. Wenn Sie diese Regeln befolgen, können Sie Ihre Ziele erreichen und selbst persönliche Niederlagen in Chancen verwandeln. Begleitet von Fällen aus seiner eigenen Coaching-Praxis hilft Steffen Kirchner Ihnen dabei, blockierende Denkstrukturen aufzubrechen und endlich Verantwortung für Ihr Leben zu übernehmen, denn es liegt an Ihnen, ob Sie selbstbestimmt und glücklich leben. Die praktischen Anregungen am Ende jedes Kapitels vereinfachen die Umsetzung der geistigen Gesetze. Nehmen Sie Ihr Schicksal selbst in die Hand und entdecken Sie den Gewinner in sich!

Autor

Steffen Kirchner, Jahrgang 1981, studierte Sportmanagement und ist Deutschlands jüngster Sportfachwirt aller Zeiten. In seiner fünfjährigen Tätigkeit in der Geschäftsführung eines Volleyball-Bundesliga-Clubs holte er unter anderem den deutschen Meistertitel. Während der erfolgreichen Positionierung verschiedener Firmen widmete er sich der direkten Arbeit mit Menschen. Heute betreut er als Coach Profisportler sowie Firmen und hält Vorträge und gibt Workshops.

Steffen Kirchner

Spielregeln für Gewinner

Mit 25 einfachen Gesetzen
zur persönlichen Höchstleistung

Mosaik bei
GOLDMANN

Die Ratschläge in diesem Buch wurden vom Autor und vom Verlag sorgfältig erwogen und geprüft, dennoch kann eine Garantie nicht übernommen werden. Eine Haftung des Autors bzw. des Verlags und seiner Beauftragten für Personen-, Sach- und Vermögensschäden ist ausgeschlossen.

FSC

Mix
Produktgruppe aus vorbildlich
bewirtschafteten Wäldern und
anderen kontrollierten Herkünften

Zert.-Nr. SGS-COC-001940
www.fsc.org
© 1996 Forest Stewardship Council

Verlagsgruppe Random House FSC-DEU-0100
Das für dieses Buch verwendete FSC-zertifizierte Papier *Classic 95*
liefert Stora Enso, Finnland.

2. Auflage
Originalausgabe Juli 2010
© Wilhelm Goldmann Verlag, München,
in der Verlagsgruppe Random House GmbH
Umschlaggestaltung: Uno Werbeagentur, München
Umschlagmotiv: Fine Pic ®, München
Redaktion: Kerstin Uhl
Satz: Uhl + Massopust, Aalen
Druck und Bindung: GGP Media GmbH, Pößneck
KW · Herstellung: IH
Printed in Germany
ISBN 978-3-442-17161-3

www.mosaik-goldmann.de

Inhalt

Vorwort von Steffen Kirchner

Ich erinnere mich noch, als wäre es gestern gewesen. Ich sitze im Vorlesungssaal meiner Fachhochschule und sehe unseren Professor in den Raum kommen. Ein schlauer Mann, ein Könner seines Fachs: Experte für Marketing und Vertrieb. Er beginnt seinen Vortrag, und ich merke, wie meine Gedanken langsam abschweifen. Das geht mir in letzter Zeit öfter so, obwohl ich mich doch eigentlich für meinen Studiengang Betriebswirtschaft interessiere. Während die Vorlesung ihren Lauf nimmt, stelle ich mir plötzlich folgende Fragen: »Was mache ich hier eigentlich? Was möchte ich in meinem Leben erreichen? Ist das, was ich hier lerne, auch das, was ich später einmal machen möchte? Warum glaube ich, dass dies der richtige Weg ist? Habe ich mir das nicht vielleicht sogar von anderen einreden lassen? Wenn ich ehrlich bin: Ich habe doch überhaupt keine Lust hier zu sein. Ich hatte in Wirklichkeit noch nie Lust darauf. Aber ich muss! Was sollen meine Familie und meine Freunde von mir denken, wenn ich jetzt alles hinwerfe? Ich muss. Muss ich? Warum eigentlich? Was wäre, wenn ich jetzt einfach aufstehen und das Ganze hinter mir lassen würde?«

Ich entschied mich dafür, die Vorlesungsstunde dazu zu nutzen, mir klar zu werden, wie mein Leben tatsächlich einmal aussehen soll. Was ist mein Lebensziel? Was ist meine Berufung?

Nach rund 60 Minuten waren die Vorlesungsstunde und auch meine Überlegungen abgeschlossen. Welche Antworten hatte ich auf meine Fragen gefunden? Keine. War etwas anderes zu erwarten gewesen? Nein. Aber eines wusste ich nun, nachdem ich jetzt erstmals einen intensiven Dialog mit mir selbst geführt hatte: Das, was ich bisher machte, war es zu 100 Prozent nicht, was mein Leben die nächsten Jahre oder gar Jahrzehnte bestimmen sollte.

Die Konsequenzen ziehen

So entschloss ich mich damals, nach Hause zu fahren und die Konsequenzen aus meinen neuen Erkenntnissen zu ziehen. Ich schickte noch am selben Tag meine Abmeldung an die Fachhochschule und nahm Abschied von der Illusion, diesen Studiengang absolvieren zu müssen, um im Anschluss daran in die Steuerkanzlei meines Vaters einzusteigen und sein Lebenswerk fortzuführen. Nein, das war weder mein Traum noch meine Berufung. Ich hatte mich durch »gut gemeinte« Ratschläge von außen manipulieren lassen und geglaubt, dass dies mein Weg sei. Doch nun erkannte ich, dass es an der Zeit war, auch geistig erwachsen zu werden, den eigenen Weg zu finden und nicht immer nur vorgezeichneten Pfaden zu folgen.

Ich wollte nicht mehr unzufrieden durch mein Leben gehen und mich mit anderen Menschen, die genauso desorientiert waren wie ich, über unser gemeinsames Leid beklagen. Der für mich sinnlos klingende Spruch »Das Leben ist hart!« erweckte in mir plötzlich ein Gefühl des Trotzes, eine

Art »Jetzt-erst-recht-Mentalität«. Ich begann, mir Gedanken darüber zu machen, wie man sein Leben wirklich führen sollte.

Zwei Typen von Menschen

In dieser Phase meiner Neuorientierung fing ich an festzustellen, dass es in unserer Welt zwei unterschiedliche Menschentypen gibt, was Erfolg im Leben angeht. Ich erkannte zum einen die klassischen »Gewinner-Typen«: Persönlichkeiten, denen, egal was sie anfassten, alles zu gelingen schien. Menschen, die bildlich gesprochen, wohl als Erfolgsmagnet auf die Welt gekommen waren. Dann gab es da noch die anderen. Diejenigen wie mich, denen nie oder selten etwas gelang. Menschen, die jammerten, sich mit ihrem unschönen Schicksal abgefunden hatten und auf eine Nachfrage bezüglich der eigenen Lebenssituation hin resignierend zur Antwort gaben: »Na ja, man kann eben nicht alles haben. Im Leben geht's halt nicht immer so, wie man gerne möchte. Das Leben ist oft ungerecht, und in unserer heutigen Gesellschaft muss man sich irgendwann mit seinem Schicksal abfinden.« Nicht, dass die Personen, die so dachten, alle vom Unglück verfolgt schienen. Aber dennoch schwammen sie im Strom der unzufriedenen Masse mit.

Ich fragte mich, was wohl der Unterschied zwischen diesen beiden Menschentypen war. Worin lag das Geheimnis der Gewinner-Persönlichkeiten, egal aus welcher Branche oder Bevölkerungsschicht sie kamen? Warum entwickelt sich ein Mensch wie beispielsweise Franz Beckenbauer zu einem solchen Gewinner? Noch viel interessanter fand ich allerdings die Frage: Wäre eine ähnliche »Lichtgestalt« aus ihm geworden, wenn er, anstatt Fußballprofi zu werden, seine Tätigkeit als gelernter Versicherungskaufmann weiterverfolgt hätte? Wie wäre seine Karriere dann verlaufen? Hätte er eines Tages als »Kaiser« des Versicherungswesens gegolten? Würde es heutzutage anstelle von verbalen Ohrfeigen für Spieler des FC Bayern München eine Erhöhung der Versicherungsbeiträge geben? Oder gibt es einen direkten Zusammenhang zwischen seinem einmaligen persönlichen Erfolg und den Tätigkeiten, mit denen er sein Leben bis heute ausfüllt?

Was Gewinner ausmacht

All diese Fragen beschäftigten mich in den Wochen nach meinem Entschluss, mich neu zu orientieren, sehr intensiv. Ich begann die Gewinner-Typen dieser Welt zu studieren. Ich analysierte Lebensläufe und Verhaltensmuster, Glaubenssätze und Charakterzüge von erfolgreichen Persönlichkeiten aus der Vergangenheit bis zur Gegenwart, aus den unterschiedlichsten Branchen. Aus dieser Analyse ergaben sich sehr bald die ersten Muster und Gesetzmäßigkeiten. So unterschiedlich die Menschen in ihrer Individualität waren, so folgten sie immer den gleichen Gesetzen, die die Grundlage für ihren persönlichen Erfolg darstellten. Männer wie Frauen aus unterschiedlichen Kulturen, Religionen und Arbeitsfeldern – sie alle wiesen immer wieder die gleichen Eigenschaften auf, die ihren Erfolg im Leben auf verblüffend einfache Art und Weise erklärten.

Ich begann, immer mehr dieser Spielregeln eines erfolgreichen Lebens herauszufiltern, und integrierte eine nach der anderen in mein eigenes Leben. Bei manchen ging es leicht, doch ab und zu erforderte es größere Bemühungen, die neuen Erkenntnisse umzusetzen. Meine Motivation, diese Energie beharrlich aufzubringen, war von Anfang an sehr hoch – und blieb es auch. Denn ich erkannte schnell, wie sich mein Leben durch die Ausrichtung auf die Gewinner-Gesetze schlagartig zum Positiven veränderte. Ich merkte, dass ich mein Schicksal in den eigenen Händen hielt, ganz nach dem Sprichwort: »Ein jeder ist seines Glückes Schmied.« Meinen Weg als Gewinner im Leben fand ich dank der Befolgung dieser Spielregeln sehr schnell.

25 Spielregeln

Ich möchte Ihnen mit diesem Buch möglichst viele Impulse geben. Sie erhalten aber keine Bastelanleitung, wie man sich von heute auf morgen ein glückliches Leben schnitzt. Ich werde Ihnen auch nicht nur das sagen, was Sie gerne hören möchten. Ich stehe für eine Sache: Ehrlichkeit. Sie erfahren 25 Spielregeln, nach denen das Leben funktioniert. Direkt, offen und schonungslos. Wenn Sie jemanden suchen, der Ihnen beim Jammern zuhört und Sie in Ihrem Selbstmitleid und Ihrer Antriebslosigkeit unterstützt, sind Sie bei mir an der falschen Adresse. Wenn Sie wirklich so jemanden suchen, finden Sie aber sicher schnell einen Menschen, der Ihnen dabei Gesellschaft leistet. Ich möchte kein solcher Mensch sein und das aus einem ganz bestimmten Grund: Es hilft Ihnen nicht weiter!

Ich bin davon überzeugt, dass jeder Mensch in seinem Innersten ein Gewinner ist. Diesen Gewinner in sich zu wecken, die Spielregeln des Lebens zu erkennen und anzuwenden, das ist die Chance, die ich Ihnen bieten möchte. Dazu müssen Sie aufwachen! Ich will Sie wachrütteln und ermutigen. Ich möchte Ihnen die Illusion nehmen, dass das Leben nun mal nicht fair ist und man sich mit den unschönen Gegebenheiten abzufinden hat. Das ist Unsinn! Entdecken Sie die Gewinnerseite Ihres Lebens und beginnen Sie, Ihr Schicksal in die eigenen Hände zu nehmen. Es gehört kein besonderes Talent dazu. Die Gewinner-Gesetze kann sich jeder Mensch nach und nach aneignen und in sein Leben integrieren. Sie müssen sich nur ehrlichen Herzens dafür entscheiden und endlich was dafür tun! Nach und nach, Tag für Tag, Schritt für Schritt.

Seien Sie geduldig mit sich selbst. Ich behaupte nicht, alles zu wissen oder in der Umsetzung dieser Erfolgsregeln perfekt zu sein. Doch ich gebe jeden Tag mein Bestes, um den Gewinner in mir Stück für Stück weiter zu entwickeln. Es funktioniert – und Ihnen wird das ebenso wie mir gelingen! Ob Ihr Leben der Himmel oder die Hölle ist, entscheiden Sie ganz alleine!

Erwachen Sie aus dem Albtraum, eine machtlose Spielfigur im Spiel des Lebens zu sein. Erkennen Sie die Wirklichkeit: Sie sind der Spieler, nicht die Spielfigur! Entwickeln Sie ein Gewinner-Bewusstsein und damit ein neues, ergiebiges Leben! Der Schlüssel dazu liegt in Ihren Händen.

Ich hoffe, dass Sie auf den folgenden Seiten viele Anregungen dafür finden, Ihr Leben nachhaltig zum Positiven zu verändern. Jeder Mensch hat diesen Gewinner in sich: Wir alle sind in Wirklichkeit Gewinner. Beginnen Sie ab heute, täglich zu gewinnen. Sie können es!

Ihr Steffen Kirchner

Vorwort von Kurt Tepperwein

Zu einem glücklichen Leben gehört unverzichtbar auch Erfolg. Allerdings passiert nicht immer das, was Sie sich wünschen oder gerade dringend bräuchten, sondern das, was Sie selbst verursachen. Das vorliegende Buch von Steffen Kirchner vermittelt einen hervorragenden Einblick, wie Sie Ihre inneren Potenziale entdecken, entwickeln und erfolgreich im Privat- und im Berufsleben einsetzen können. Tauchen Sie ein in das faszinierende Abenteuer Leben und erkennen Sie, dass Sie mithilfe der geistigen Ausrichtung eines Gewinners zum Schöpfer eines glücklichen Lebens werden können. Auf den folgenden Seiten werden Ihnen die dafür notwendigen Impulse und mentalen Hilfestellungen in spielerisch leichter Form an die Hand gegeben – denn das Leben ist ein Spiel. Jedem Kapitel folgen entsprechende Übungen, die Ihnen helfen werden, das neu Erfahrene auch praktisch in die Tat umsetzen zu können. Dieses Buch besticht durch seine Klarheit und Nähe zum täglichen Leben. Sie werden sich in den Beispielen des Autors oft wiederfinden und erhalten dadurch die Chance, sich selbst weiterentwickeln zu können.

Erfolg an sich ist einfach. Dies unterstreicht Steffen Kirchner mittels seiner einfachen und unterhaltsamen Sprache. Die dargestellten Schritte zur systematischen Entfaltung Ihrer Erfolgspersönlichkeit sind einfach nachzuvollziehen, was das Buch zu einem zeitlosen Ratgeber für Sie machen wird. Das Erkennen der Gewinner-Gesetze sowie der Umgang damit erspart Ihnen viele Misserfolge. Durch die praktische Umsetzung der Buchinhalte erhalten Sie die Möglichkeit, in Ihrem Leben nicht nur durch den üblichen Weg der schmerzvollen Erfahrungen an Einsichten zu gewinnen, sondern direkt auf dem Weg der Erkenntnis zu lernen. Dadurch öffnen Sie sich einer neuen Dimension Ihres Bewusstseins, und Sie werden die verborgenen Aspekte der Wirklichkeit, die sich hinter den eingespielten Verhaltensmustern befinden, erkennen.

Den Grundstein des Erfolgs legt jeder Mensch in seinem Kopf. So können Sie Ihr Schicksal als das begreifen, was es tatsächlich ist, nämlich das Resultat Ihrer Gedanken und Einstellungen. Öffnen Sie sich für Ihre Zukunft als Gewinner: Mit diesem Buch halten Sie einen Schlüssel in der Hand, Ihr persönliches Schicksal zu verändern und Erfolg bewusst hervorzurufen. Die folgenden 25 Spielregeln zeigen Ihnen, wie Sie selbstverantwortlich Ihr Leben führen, die alte Opferhaltung abstreifen und die Gestaltung Ihrer Zukunft in die eigenen Hände nehmen.

Sie können jederzeit damit beginnen – wenn Sie wollen sofort! Realität ist nicht nur das, was schon existiert, sondern auch alles, was darauf wartet, entdeckt und verwirklicht zu werden. Warten Sie nicht länger, sondern starten Sie jetzt in Ihr zukünftiges Leben als Gewinner!

Herzlich, Ihr Kurt Tepperwein

Kurt Tepperwein ist einer der international bekanntesten und erfolgreichsten Seminarleiter und Trainer. Als Autor von mehr als 100 Büchern, zahlreichen Videos und CDs konnte er sein Wissen bereits an zahlreiche Menschen weitergeben. Er ist der Entwickler des Mental- und Intuitionstrainings.

Wie Sie dieses Buch am besten für sich nutzen

Damit dieses Buch tatsächlich dabei helfen kann, dass sich Ihr Leben zum Positiven verändert, gebe ich Ihnen ein paar Tipps an die Hand, wie Sie das meiste aus den folgenden Seiten herausholen können. Dieses Buch soll keine Lektüre sein, die Sie einmal lesen und dann wieder weglegen. Verwandeln Sie es in ein Arbeitsbuch für Ihr zukünftiges Leben als Gewinner. Ziehen Sie den maximalen Nutzen aus diesem Buch, indem Sie die folgenden Ratschläge beachten:

1. Wecken Sie in sich selbst den brennenden Wunsch, die Spielregeln des Erfolgs erkennen und umsetzen zu können, um ein Gewinner in allen Lebensbereichen zu werden.
2. Lesen Sie jedes Kapitel zweimal, mit einer Pause dazwischen. Lesen Sie nicht zu viele Kapitel auf einen Schlag – es ist anstrengend genug, die Erkenntnisse eines einzigen Erfolgsgesetzes zu verinnerlichen.
3. Legen Sie nach dem Lesen wichtiger Absätze eine kurze Pause ein und fragen Sie sich, wie Sie diese Gewinner-Spielregel in Ihr Leben einbauen und umsetzen können. Fragen Sie sich: »Wie kann ich diese Erkenntnis praktisch nutzen?«
4. Unterstreichen oder markieren Sie für Sie wichtige Regeln, Erkenntnisse und Textpassagen.

5. Nehmen Sie dieses Buch in regelmäßigen Abständen zur Hand und lassen Sie sich aufs Neue inspirieren.

6. Verpflichten Sie sich, die in diesem Buch beschriebenen Gesetzmäßigkeiten bei jeder Gelegenheit praktisch anzuwenden. Lösen Sie Probleme unter Beachtung der Gewinner-Gesetze.

7. Kontrollieren Sie Ihre Fortschritte wöchentlich. Fragen Sie sich, welche Erfolge Sie verbuchen konnten, welche Fehler Sie gemacht haben und was Sie in Zukunft besser machen können.

8. Führen Sie ein Erfolgs-Tagebuch, in dem Sie Ihren Weg zum Gewinner schriftlich dokumentieren. Halten Sie fest, wie es Ihnen geht und welche Fortschritte oder eventuelle Rückschläge Sie erfahren haben. Beschreiben Sie, welche neuen Erkenntnisse Sie gewonnen haben und wie sich Ihr Leben verändert, da Sie nun nach den Gewinner-Gesetzen leben.

9. Nehmen Sie sich jede Woche eine bestimmte Spielregel vor und geben Sie täglich Ihr Bestes, sie praktisch umzusetzen. Versuchen Sie nicht alles auf einmal zu verändern. Konzentrieren Sie sich jede Woche auf ein bestimmtes Erfolgsgesetz. Nur ein einziges – aber das verfolgen Sie mit größtmöglicher Konsequenz.

Wenn Sie diese Tipps beherzigen, wird sich Ihr Leben in den nächsten Wochen und Monaten definitiv zum Positiven verändern. Ein Leben als Gewinner wird damit unvermeidbar. Probieren Sie es einfach aus! Ich habe es selbst erlebt. Ich weiß, dass es funktioniert. Und Sie können das auch!

Was Sie vor der Lektüre dieses Buches wissen sollten

Mir liegt am Herzen, Ihnen eine Sache zu verdeutlichen, damit während des Lesens keine Missverständnisse aufkommen. Es geht um die von mir bewusst gewählte Bezeichnung des »Gewinners«. Es ist mir wichtig, dass Sie verstehen, was ich mit »Gewinner« meine und warum ich ausschließlich dieses Wort und die damit verbundene Bedeutung wählte. Im Sport wird seit jeher von »Siegertypen« und »Siegermentalität« gesprochen. An dieser Stelle will ich mich gleich deutlich von diesen Bezeichnungen als Synonyme für meine Gewinner-Philosophie distanzieren. Ich möchte aus Ihnen keinen Sieger machen. Ich möchte Ihnen auch nicht zeigen, wie Sie möglichst oft siegen können. Wenn beispielsweise ein Sportler zu mir kommt, mit der Bitte, er wolle wieder auf die Siegerstraße zurückkehren, gebe ich immer die gleiche Antwort: »Mit diesem Anliegen sind Sie bei mir an der falschen Adresse.« Mir geht es nicht darum, Menschen das Siegen beizubringen, sondern in ihnen den Gewinner zu wecken. Vielleicht denken Sie, dass ich mich nun in begrifflichen Spitzfindigkeiten verliere. Ich möchte Ihnen anhand eines persönlichen Erlebnisses erklären, worauf ich hinausmöchte und warum es mir so wichtig ist, hier einen Unterschied zu machen.

Ein ungewöhnliches Wettrennen

Vor mehreren Jahren verbrachte ich einen Auslandsurlaub in der Karibik und wurde dort Zeuge eines unscheinbaren, aber für mich sehr lehrreichen Ereignisses. Da sich mein damaliges berufliches Leben im Sportbusiness abspielte, hatte ich auch im Urlaub ein Interesse daran, was sich in fremden Ländern in der Sportwelt abspielt und wie Sport dort unterrichtet wird.

Ich besuchte eine Art Gesamtschule, in der eine große Anzahl an Kindern und Jugendlichen unterschiedlicher Altersklassen gemeinsam am Sportunterricht teilnahm. Ich saß als stiller Beobachter unweit des Geschehens unter einem Baum und verfolgte das rege Treiben. Auf dem Programm stand eine Art 100-Meter-Lauf (ohne dass ich messbare Indizien dafür erkennen konnte, dass es sich bei der Laufstrecke tatsächlich um 100 Meter handelte). Die Bezeichnung »Wettrennen« wäre wohl eher zutreffend gewesen. Ich beobachtete, wie sich vier Kinder nebeneinander aufstellten und zwei Sportlehrer das Startsignal herausbrüllten. Kaum war der erste Lauf in vollem Gange, stand das nächste Rennquartett bereit. Der Wort führende Sportlehrer stieß erneut einen Schrei aus. Die hohe Frequenz, mit der die verschiedenen Starts erfolgten, war für mich erstaunlich. Das erste Rennen war noch nicht beendet, so liefen einige Meter dahinter schon die nächsten vier Kinder. Im Ziel angekommen, wurde für ein paar Sekunden verschnauft, um sofort wieder fast im Renntempo zurück zum Start zu eilen, um einen neuen Lauf gegen andere Mitschüler zu beginnen. Es handelte sich hier aber nicht um ein Spiel ohne jeglichen Ehrgeiz oder ohne Erfolgskontrolle. Die beiden Lehrkräfte verfolgten während der fortlaufenden Startsignale das Renngeschehen sehr genau und fanden für jeden Schüler mahnende, aber positiv klingende Worte.

Ich beobachtete das Geschehen über eine halbe Stunde lang und ging nach Unterrichtsende zu einem der beiden Sportlehrer, um ihm eine Frage zu stellen, die sich mir die ganze Zeit über schon aufdrängte: »Es ist ja toll, mit welchem Eifer die Kinder bei der Sache sind. Doch sagen Sie mir eins: Wie messen Sie, wer bei den Rennen der Sieger ist?« Der Mann sah mich irritiert an und stellte eine Gegenfrage: »Wozu?« Seine Gegenfrage ließ meine eigene Verwunderung nicht gerade kleiner werden, und ich fuhr fort: »Nun, die Kinder laufen um die Wette. Sie müssen doch irgendwie feststellen, wer bei diesem Wettlauf der Sieger ist.« Darauf huschte ein Schmunzeln über sein Gesicht. Er antwortete: »Natürlich laufen die Kinder um die Wette. Aber doch nicht gegeneinander. Sondern gegen sich selbst. Jeder für sich. Wie einer gegen den anderen abschneidet, das messen wir nicht.« Diese Antwort saß, und ich bedankte mich bei dem Mann, der mir eine lehrreiche Lektion erteilt hatte.

Gewinnen statt siegen

Ich begriff, dass in diesem Land eine ganz andere Auffassung von Leistung und Erfolg herrschte, als ich es von meinem Denken gewohnt war. Ich hatte es bis dato immer so erfahren, dass es das primäre Ziel war, schneller zu sein als die anderen. Der Fokus richtete sich darauf, wer als Erster durchs Ziel läuft. Im Sport wie auch sonst im Leben. Es ging stets um die Frage: Wer ist der Sieger und wer sind die Verlierer? Der Sieger war immer glücklich, und die Verlierer waren immer enttäuscht. Der Sportunterricht in dieser Schule hatte mir die Augen für das Wesentliche geöffnet. Die Erkenntnis daraus bildete die Grundlage für mein weiteres Leben.

Damit komme ich auf den Beginn dieses Kapitels zurück. Ich möchte Ihnen nicht zeigen, wie Sie siegen können. Es ist nicht wichtig, wer der Sieger ist oder ob Sie es sind, der siegt. Entscheidend ist vielmehr, ob Sie gewinnen! Das war es auch, was die Sportlehrer den Kindern vermittelten. Es war nicht entscheidend, ob sie schneller durchs Ziel liefen als ihr Nebenmann, sondern es ging darum, sich an sich selbst zu orientieren und zu versuchen, sich selbst zu verbessern. Diese Kinder stellten sich mit niemand anderem in Konkurrenz als mit sich selbst. Sie konnten ruhig der Verlierer sein, weil zwei andere schneller waren. Aber dennoch war es möglich, als Gewinner aus diesem Rennen herauszugehen, da sie einen persönlichen Fortschritt erzielt hatten.

Hören Sie also auf, siegen zu wollen. Beginnen Sie zu gewinnen! Man kann nicht immer siegen. Es gibt immer Bessere oder Gegebenheiten, die wir nicht beeinflussen können. Was wir aber sehr wohl beeinflussen können, ist unsere eigene Leistung. Es geht darum, heute ein bisschen besser zu sein als gestern und morgen ein bisschen besser als heute. Es geht um tägliche kleine Fortschritte. Das ist es, was einen Gewinner ausmacht. Wenn es Ihnen dennoch so wichtig ist, zu siegen, weil unsere Gesellschaft nun mal auf Konkurrenzdenken aufgebaut ist, dann kann ich Ihnen eine freudige Mitteilung machen: Wenn Sie lernen, sich auf sich selbst zu konzentrieren und jeden Tag für sich persönlich zu gewinnen, wird auch automatisch die Anzahl Ihrer Siege zunehmen.

Gegen Naturgesetze kommt man nicht an

Ein weiterer Punkt, der mir wichtig erscheint, ist, Ihnen die Bedeutung des Begriffes »Gewinner-Gesetze« zu verdeutlichen. Wir alle leben in einem Universum, unter den Gegebenheiten von Naturgesetzen. Es gibt gewisse Spielregeln, die für jedes Wesen gleichermaßen gelten. Viele dieser Regeln sind uns seit langer Zeit bewusst, da wir sie tagtäglich erfahren oder in der Schule einiges darüber gelernt haben. Es gibt klare und für jeden nachvollziehbare Gesetzmäßigkeiten, wie z. B. das der Schwerkraft. Es gibt diese Regeln in allen möglichen Bereichen, wie z. B. der Physik, der Mathematik, der Elektrizität oder der Mechanik.

Überall gelten gewisse Gesetzmäßigkeiten, die wir in unserem Leben beachten müssen, da wir andernfalls in Konflikt damit geraten. Die Missachtung dieser Gesetze funktioniert zwar manchmal von Zeit zu Zeit, allerdings nur für einen kurzen Zeitraum. Im Endeffekt gleichen die Naturgesetze unseres Universums früher oder später alles aus. Wir erfahren ihre Existenz durch die Wirkungen, die wir erleben. Bei offensichtlichen Gesetzen, wie dem der Schwerkraft, ist uns Menschen diese Wirkung bewusst.

Es gibt allerdings auch »geistige Naturgesetze«, nach denen das Leben an sich funktioniert. Diese geistigen Spielregeln sind uns zwar oftmals bekannt, dennoch aber in letzter Konsequenz nicht so bewusst wie die viel transparenteren physikalischen Grundregeln unserer Welt. Häufig wissen wir nicht, welche geistigen Gesetze wir zu beachten haben und wie viele davon überhaupt existieren. Und warum nicht? Weil wir in der Schule niemals etwas darüber gelernt haben, auch wenn man doch eigentlich gerade an diesem Ort lernen sollte, wie das Leben funktioniert. Doch oft werden die geistigen Gesetzmäßigkeiten aufgrund ihrer fehlenden Greifbarkeit unterschiedlich bewertet und wahrgenommen. Manchmal wird die Existenz verschiedener Lebensspielregeln komplett ignoriert.

Machen Sie sich eines bewusst: Egal, ob Sie an die Erfolgsprinzipien unserer Welt glauben oder nicht – sie sind vorhanden und wirksam, genauso wie die physikalischen Naturgesetze. Jene Spielregeln sind ein Teil unserer Welt, und wenn wir Erfolg und Wohlstand erreichen möchten, müssen wir diese geistigen Gesetzmäßigkeiten erkennen und lernen, mit ihnen umzugehen. Die von mir beschriebenen Spielregeln für Gewinner gab es schon immer und wird es auch in Zukunft immer geben. Es ist jedem freigestellt, sich auf eigene Faust diesen Gesetzen zu entziehen oder ihnen zu folgen. Doch wie es zum Beispiel bei der Schwerkraft der Fall ist: Am Ende landen Sie doch wieder auf dem Boden, manchmal schneller und härter, als es Ihnen lieb ist.

25 Spielregeln für Gewinner

Es gibt eine große Anzahl dieser geistigen Grundregeln, nach denen unser Leben funktioniert. In diesem Buch möchte ich Ihnen 25 davon mit der Absicht nahebringen, dass Sie die Erkenntnisse daraus nutzen, um Ihr Potenzial bestmöglich auszuschöpfen. Jedes dieser 25 Erfolgsgesetze kann Ihnen Monate oder sogar Jahre unbefriedigender Erfolglosigkeit ersparen, wenn Sie Ihr Leben danach ausrichten. Aus eigener Erfahrung kann ich Ihnen versichern, dass dieser Prozess nicht wehtut. Im Gegenteil! Es macht Spaß, sein Leben neu zu definieren und Stück für Stück gewinnbringender zu gestalten.

Wenn Sie von ganzem Herzen dafür bereit sind und mutig beginnen, Ihr Leben zu verändern, kann jedes einzelne Gesetz für Sie den Schlüssel zu Wohlstand auf allen Ebenen darstellen. Wohlstand ist nicht nur gleichbedeutend mit finanziellem Reichtum, obwohl dies auch ein wichtiger Bereich Ihres Lebens ist, den Sie unter Beachtung dieser Spielregeln positiv verändern können. Wahrer Wohlstand bedeutet, wie es das Wort an sich schon sagt, dass alles in Ihrem Leben »wohl steht«. Wie wäre es mit einer besseren Gesundheit, mit mehr Freude und Erfolg im Beruf, mit einer glücklicheren und erfüllteren Partnerschaft oder einem stabileren Selbstwertgefühl?! Diese und viele andere Bereiche Ihres Lebens, können Sie mit den Gewinner-Gesetzen nachhaltig verbessern. Es handelt sich um zeitlose Prinzipien, die Ihnen den Weg zeigen, wie Sie Ihr Leben entscheidend positiv gestalten können.

Probieren geht über studieren

Zu guter Letzt lege ich Ihnen noch eines ans Herz: Glauben Sie kein Wort von dem, was ich Ihnen auf den folgenden Seiten erzähle, sondern probieren Sie es selbst aus!

Stellen Sie sich vor, Sie treffen eines fernen Tages ein Wesen, das nicht von unserem Planeten stammt, und wollen ihm die Zusammenhänge und Wirkungen des Gesetzes der Schwerkraft erklären. Der Außerirdische wird Sie mit großen Augen ansehen und im Endeffekt rein gar nichts begreifen. Vielleicht glaubt er Ihnen, vielleicht auch nicht. Eine für ihn entscheidende Lebenserfahrung kann er erst machen, wenn er bereit ist, mit Ihnen mitzukommen und die beschriebenen Fakten zu erleben. Wenn Ihr intergalaktischer Freund dann in Ihrem Wohnzimmer steht, brauchen Sie ihm die Gesetzmäßigkeiten der Schwerkraft nicht mehr zu erklären, denn er erfährt sie ja gerade selbst.

Genauso verhält es sich mit den geistigen Gesetzmäßigkeiten und Spielregeln. Ich kann Ihnen die Existenz und Wirkungsweise in diesem Buch nur nahebringen. Doch erfahren, müssen Sie sie selbst. Sie müssen sie praktisch anwenden, um die Wirkungen dieser seit ewigen Zeiten gültigen Naturgesetze zu Ihrer persönlichen Realität werden zu lassen. Daher noch mal mein Appell an Sie: Ganz gleich, ob Sie mir glauben oder nicht – probieren Sie es aus. In nur wenigen Wochen werden Sie dadurch die Grundlage für Ihren zukünftigen Erfolg geschaffen haben. Zögern Sie nicht länger – machen Sie noch heute den ersten Schritt in Ihr neues Leben als Gewinner!

1. Das Gesetz vom Wesen des Erfolgs

Wie Sie sich den Erfolg zum besten Freund machen

Um zu einem Gewinner zu werden und Erfolg haben zu können, ist es notwendig, gewisse Grundlagen zu schaffen. Von zentraler Bedeutung war hierbei für mich persönlich, erst einmal das Wesen des Erfolgs zu verstehen. Was ist Erfolg? Sucht sich der Erfolg die Menschen aus? Hängt persönlicher Erfolg vom Schicksal ab? Warum haben manche Menschen den Erfolg als besten Freund, während andere nicht mal entfernt mit ihm verwandt zu sein scheinen? In den letzten Jahrzehnten wurde wohl über kaum etwas so viel geschrieben und diskutiert wie über das Wesen des Erfolgs.

Erfolg hat immer einen Ursprung

Machen Sie sich bewusst: Mehr Erfolg, als Sie derzeit haben, ist nicht möglich! »Na prima! Dann kann ich den Laden ja gleich dichtmachen!«, werden Sie sich jetzt denken. Aber lassen Sie mich diese Aussage kurz erklären. Der Schlüssel für Ihr Verständnis über das Wesen des Erfolgs liegt in dieser wichtigen Erkenntnis.

Erfolg gehorcht einfachen Spielregeln. Zwar ist es nicht immer leicht, erfolgreich zu sein, doch das Muster, nach dem Erfolg aufgebaut ist, folgt simplen Gesetzmäßigkeiten. Wenn Sie diese Punkte verstehen und beachten, wird sich Ihre Beziehung zum Erfolg rasch positiv verändern.

Das Wort »Erfolg« an sich erklärt im Prinzip schon die grundlegende Gesetzmäßigkeit für den Umgang damit. »Erfolg« kommt von »erfolgen«. Das Wort heißt nicht »Erkämpfe«, »Erhandle«, »Erzwinge« oder »Erbitte«, sondern eben »Erfolg«. Erfolg ist etwas, das erfolgt.

Wenn Sie diese Tatsache erkennen, wird schnell klar, dass dem Erfolg etwas vorausgehen muss. Denn allem, was erfolgen kann, muss ein Ursprung zugrunde liegen. Die zentrale Frage, die Sie sich in Bezug auf Erfolg stellen müssen, ist, was Ihrem derzeitigen Erfolg vorausgegangen ist. Auf alle Ursachen, die wir hervorbringen, erfolgt etwas. Wenn Sie im Beruf unfreundlich und unmotiviert auftreten, wird aus diesem Umstand etwas erfolgen. Das, was erfolgt, ist der von Ihnen verursachte Erfolg. Ob er Ihnen gefällt oder nicht.

Vielleicht haben Sie das Wort »Erfolg« bisher anders interpretiert – als etwas Positives, Schönes, Angenehmes. Genau betrachtet ist Erfolg das eben nicht zwangsläufig. Er ist lediglich das, was auf bestimmte Ursachen erfolgen muss. Deshalb auch meine vorherige, provokante Aussage, dass Sie nicht mehr Erfolg als bisher haben können. Jeder Mensch hat maximalen Erfolg. Erkennen Sie: Erfolg ist nicht das, was ich mir wünsche oder vorstelle, sondern das Ergebnis dessen, was ich verursacht habe. Es erfolgt im Leben nicht das, was Sie am dringendsten bräuchten, sich am meisten wünschen, wofür Sie am härtesten kämpfen oder was Sie am innigsten erbeten. Es erfolgt das, was Sie verursachen.

Erfolg ist objektiv

Der Erfolg an sich ist von seinem Wesen her neutral. Er hat keine Entscheidungsfreiheit, zu wem er sich hinwendet und zu wem nicht. Es gibt kein »Erfolgs-Versandhaus«, in dem entschieden wird, dass Ihrem Arbeitskollegen nächste Woche 50 Kilogramm Erfolg zukommen, Ihnen aber nur zwei Kilogramm. Wenn überhaupt, dann wären ja auch Sie derjenige, der in diesem Versandhaus anruft und eine Bestellung für eine Erfolgs-Lieferung aufgibt.

Machen Sie sich klar, dass Erfolg niemals ungerecht verteilt ist! Hören Sie auf herumzujammern, dass nur die anderen Erfolg haben und Sie wie vom Teufel verfolgt zu sein scheinen, der Ihnen einen Teil Ihres wohlverdienten Erfolgs wegnimmt. Diesen innerlichen Trugschluss kenne ich nur zu gut – ich habe ihn aber schon vor vielen Jahren begraben. Ich rate Ihnen, dasselbe zu tun, wenn Sie ein im positiven Sinne erfolgreicher Gewinner sein wollen.

Erfolg gehorcht Ihren Befehlen

Im Laufe der Jahre habe ich erkannt, dass das Leben an sich keinen Spielraum besitzt, etwas anderes erfolgen zu lassen als das, was ich selbst verursacht habe. Ihr persönlicher Erfolg reagiert einzig und allein auf Ihre Anweisungen! Mir ist klar, dass es sehr viel Mut und Stärke erfordert, um diese Erkenntnis anzunehmen und sich nach ihr zu richten. Doch wenn es Ihnen gelingt, Erfolg ab sofort nicht mehr als Zufallsprodukt oder Privileg einzelner Menschen anzusehen, halten Sie den Schlüssel in Händen, um das Tor für Ihr neues Leben als Mensch mit einer Gewinner-Mentalität aufzusperren. Eine großartige Chance, die sich Ihnen bietet!

Vielleicht hilft Ihnen auch die positive Erkenntnis aus diesem Gewinner-Gesetz, dass Sie aus allem einen Erfolg machen und jedes Spiel gewinnen können. Setzen Sie entsprechende Ursachen – der erwünschte Erfolg folgt Ihnen aufs Wort. Treffen Sie die Wahl, was Sie wirklich wollen. Das ist vielleicht der schwierigste Schritt in der ganzen Angelegenheit. Sie müssen wählen. Für was entscheiden Sie sich? Wenn Sie sich für etwas entschieden haben, dann aber bitte zu 100 Prozent! Eine 99-prozentige Entscheidung für etwas ist im Endeffekt eine Entscheidung dagegen. Mit dieser Konsequenz müssen Sie leben. Machen Sie sich klar, dass Sie ohnehin entscheiden müssen! Wenn Sie sich nicht entscheiden, ist auch das eine Entscheidung, mit deren Konsequenzen Sie umzugehen haben.

Selbstanalyse ist besser als Jammern

In meiner Zeit als Manager eines Clubs der Volleyball-Bundesliga der Frauen erlebte ich in der Saison 2006/2007, in der Spielzeit nach dem sensationellen Gewinn der Vizemeisterschaft, ein sehr schwieriges Jahr. Der Verein hatte sich personell hochkarätig verstärkt, im Management, im Trainerstab wie auch hinsichtlich des Spielerkaders. Das Bundesligateam wurde intern als qualitativ beste Mannschaft aller Zeiten angepriesen. Im Gegensatz zu den Erwartungen verlief die komplette Saison jedoch wie verhext. Wir hatten Probleme auf allen Ebenen des personellen Bereichs, extreme sportliche Leistungsschwankungen sowie enormes Verletzungspech. Zeitweise war die Hälfte der Spielerinnen häufiger in der Praxis des Mannschaftsarztes als auf dem Trainingsplatz anzutreffen. Unser Vorhaben, an der Tabellenspitze mitzumischen, konnten wir in dieser Saison zu keiner Zeit umsetzen und um ein Haar hätten wir sogar fast den Einzug in die Finalrunde verpasst.

Entscheidend war, wie unser Club nach der Saison auf die überraschende Talfahrt reagierte. Wir begannen eine Analyse der Ursachen. Während der abgelaufenen Saison hatten wir mit dem Schicksal gehadert, das unseren Spielerinnen eine Verletzung nach der anderen zufügte. Wir suchten die Schuld bei neuen Ausrüstungsgegenständen und in der wirtschaftlich schwierigen Lage und wollten einfach nicht wahrhaben, worin der tatsächliche Hauptgrund für den plötzlichen Einbruch bestand. Doch nach dem letzten Spieltag analysierten wir schonungslos die Gründe und begannen die Ursachenforschung bei uns selbst. Wir erkannten, dass wir selbst die Grundlagen für den Misserfolg gelegt hatten und die beschriebenen Auswirkungen unsere Fehler nur als Ergebnis widerspiegelten.

Als Resultat ging jeder von uns wieder mit einer Gewinner-Einstellung an die anstehenden Aufgaben. Wir steckten uns gegenseitig mit unserer neuen Begeisterung an. So entstand eine Eigendynamik, die Monate zuvor noch undenkbar gewesen war. Urplötzlich war die Verletzungsmisere im Team abgeklungen, es folgten einige goldrichtige Personalentscheidungen, und auch auf allen anderen Ebenen spürte man einen deutlichen Aufschwung. Wollen Sie wissen, wie die Geschichte endete? In der Saison 2007/2008 schafften wir die Sensation und wurden entgegen aller Expertenmeinungen deutscher Meister!

Sie können nicht erfolglos sein!

Was war geschehen? Ganz einfach: Wir analysierten die Ursachen unseres negativen »Erfolgs«, erkannten unsere Einflussmöglichkeit, den gewünschten Erfolg wieder mit unserer Absicht in Einklang zu bringen, und begannen zu handeln. Wir erkannten die Gesetzmäßigkeit des Erfolgs und begannen wieder, danach zu leben und zu arbeiten.

Erfolg zu haben ist etwas ganz Natürliches! Im Endeffekt können Sie nicht erfolglos sein. Entscheidend ist, dass Sie Ihre Absicht mit Ihrem Handeln in Einklang bringen. Tun Sie das nicht, kann Ihr Erfolg nie mit Ihrer Vorstellung übereinstimmen.

Was Verlierer von Gewinnern unterscheidet, ist, dass sie ihr Gewinner-Bewusstsein verloren haben, das man allerdings jederzeit wieder neu für sich entdecken kann. Lassen Sie Ärger, Neid, Stress und Ihre Angst los, die Sie gegen sich selbst, gegen andere und vor allem gegen das Leben hegen. Leben Sie im Einklang mit sich selbst und Ihrer Umwelt und nehmen Sie Erfolg als einen natürlichen Teil Ihres Wesens wahr. Wären Sie kein Gewinner, würden Sie nicht leben!

Hören Sie auf, stärker, größer und besser sein zu wollen als andere. Legen Sie den neidischen Blick auf Ihre Mitmenschen

ab und orientieren Sie sich an Ihren persönlichen Erfolgs-
maßstäben. Sie brauchen nicht mehr für Erfolg zu kämpfen,
sondern können ihn einfach geschehen lassen. Das Leben
meistert man am besten spielend und mit Leichtigkeit, ansonsten wird es tatsächlich ein Kampf. Optimieren Sie Ihre
Einstellung zu sich selbst als erfolgreiche Gewinner-Persönlichkeit. Allein dadurch rufen Sie neue Ursachen hervor, die
Ihnen den gewünschten Erfolg bescheren werden. Schließen Sie Freundschaft mit dem Erfolg. Er liebt Sie, wenn Sie
ihn lieben. Dazu müssen Sie ihn behutsam und mit Bedacht
behandeln. Danach steht einer erfolgreichen Partnerschaft
nichts mehr im Wege!

Das Gesetz vom Wesen des Erfolgs in Kürze:

- Erfolg ist weder Zufall noch ein Wunder.
- Erfolg ist etwas, das unabhängig von Ihrer Absicht erfolgt.
- Allem, was erfolgt, geht eine Ursache voraus, die Sie selbst hervorgerufen haben.
- Wenn Ihnen Ihr Erfolg nicht gefällt, ändern Sie die Ursache – im Zweifel sich selbst und Ihre Einstellung.
- Sie können absolut alles zu einem Erfolg machen.
- Das Leben besitzt keine Entscheidungsfreiheit. Sie erhalten den Erfolg, den Sie verursacht haben.
- Lösen Sie sich von Neid, Stress und Ärger. Hören Sie auf zu glauben, für Erfolg kämpfen zu müssen. Er kommt auch so gerne zu Ihnen.

- Erfolg geht zu dem, der ihn liebt. Erschaffen Sie sich ein Erfolgsbewusstsein und treffen Sie Entscheidungen, hinter denen Sie zu 100 Prozent stehen.

Was jetzt zu tun ist:

- Notieren Sie, in welchen Lebensbereichen Sie derzeit welchen Erfolg haben. Stimmt dieser Erfolg mit Ihrer Absicht überein? Wenn nicht, welche Ursache liegt dem zugrunde?

- Nehmen Sie die wichtigsten Bereiche Ihres Lebens – Gesundheit, Familie, Beruf, Finanzen – unter die Lupe und analysieren Sie, was Sie diesbezüglich denken, fühlen und dafür tun. Stimmen Ihre Gedanken mit Ihrer Absicht im Hinblick auf die gewünschten Ergebnisse überein? Ihre Gedanken sind eine Ursache! Verändern Sie sie, wenn negative Glaubenssätze und Einstellungen vorherrschen.

2. Das Gesetz der Anziehung

Ziehen Sie Erwünschtes an wie ein Magnet

Eines der mächtigsten geistigen Werkzeuge ist das Gesetz der Anziehung (auch Resonanzprinzip genannt). Speziell in den letzten Jahren wurde darüber sehr viel geschrieben, da sich die Funktionsweisen dieses Naturgesetzes sehr gut vermarkten lassen. Hier eine kurze Zusammenfassung, um was es bei diesem Prinzip geht. Wichtig ist, zu verstehen, wie dieses Gesetz funktioniert und wie Sie es sinnvoll anwenden können.

Das Gesetz der Anziehung ist aufgrund seiner Einfachheit schnell erklärt: Gleiches zieht Gleiches an, und Ungleiches stößt einander ab. Dies gilt auf materieller Ebene genauso wie auf der geistigen. Das bedeutet: Auch Sie ziehen in Ihrem Leben immer das an, was Ihnen entspricht. Diese Erfahrung ist bei genauer Betrachtung für jeden logisch nachvollziehbar und mittlerweile sogar empirisch nachgewiesen.

Ein Gedanke ist eine Form von Energie

Wissenschaftler im Bereich der Quantenphysik haben erforscht, dass ein Gedanke nichts anderes als Energie ist, die mit modernen technischen Mitteln gemessen werden kann. Jeder Gedanke sendet einen messbaren, elektromagnetischen Impuls aus. Je nachdem, ob dieser Gedanke positiv oder negativ geladen ist, zieht er alles seiner Schwingung Entsprechende an. Wenn Sie überwiegend negative und problembehaftete Gedanken haben, ziehen Sie entsprechende Lebensumstände oder Erlebnisse an. Unser Schicksal, das wir tagtäglich erleben, führt uns von seinem Namen her in die Irre, denn es wird uns von niemandem geschickt. Es müsste vielmehr »Machsal« heißen, da wir es uns selbst erschaffen.

Machen Sie sich bewusst, dass alles, worauf Sie Ihre Aufmerksamkeit richten, von Ihnen angezogen wird. Sie richten Ihre Gedanken darauf aus und ziehen es so magnetisch in Ihr Leben. Das gilt für positive wie auch für negative Dinge, Personen, Umstände oder Situationen. Speziell Themen, die Sie über längere Zeit hinweg beschäftigen, erhalten durch die stetige Wiederholung der Gedanken eine große elektromagnetische Energie und ziehen somit verstärkt all das an, auf das Sie sich konzentrieren. Wenn Sie sich beispielsweise große Sorgen um Ihre Zukunft machen und Angst haben, Ihren Job zu verlieren, in Geldsorgen zu geraten oder dass Ihr Partner Sie betrügen könnte, ziehen Sie mit zuverlässiger Gewissheit genau diese Umstände immer stärker in Ihr Leben. Ihre Angst zieht all das an, was Sie befürchten. **Ihr Verhalten bestimmt Ihre Verhältnisse.**

Vielleicht sind Sie jetzt schockiert und denken hektisch darüber nach, wie viele negative Gedanken Sie in letzter Zeit hatten und was Sie damit diesem Gesetz zufolge anziehen. Tun Sie das nicht, denn erstens ist es sowieso schon geschehen und nicht mehr rückgängig zu machen und zweitens wiederholen Sie im Rahmen dieser Überlegungen nur Ihre negativen Gedanken und senden somit erneut zahlreiche negative Impulse nach außen. Entspannen Sie sich und akzeptieren Sie diese Erkenntnis, ohne sich darüber weiter den Kopf zu zerbrechen.

Denken Sie positiv!

Nun kommen wir zum positiven Aspekt des Ganzen. Wenn Gedanken Energie sind und unschöne Lebensumstände durch eigene elektromagnetische Impulse verursacht worden sind, dann heißt das doch auch, dass wir es durch die Kontrolle der Vorgänge in unserem Kopf selbst in der Hand haben, neue positive Umstände anzuziehen. Ein positiver Gedanke ist Messungen zufolge deutlich stärker als ein negativer. Wenn es Ihnen gelingt, bewusst positive Impulse nach außen zu senden, werden Sie mit hundertprozentiger Sicherheit Positives in Ihr Leben, Ihren Beruf oder Ihre Familie holen. Sie können durch die bewusste geistige Fokussierung dessen, was Sie sich wünschen, selbst bestimmen, welche Umstände in Zukunft in Ihrem Leben vorherrschen. Überlassen Sie es nicht mehr dem Zufall, was in Ihr Leben tritt, sondern bestimmen Sie Ihre Verhältnisse in Eigenregie. Das Schöne daran ist, dass nicht nur neue positive Dinge aufkommen werden, sondern dass auch Negatives nicht mehr mit Ihnen übereinstimmt. Sie sind dann nicht mehr resonanzfähig dafür. Sie können nur das in Ihr Leben ziehen, was Ihnen und Ihren Gedanken entspricht. Wenn Sie sich ändern, ziehen Sie auf der einen Seite Neues und Positives an und stoßen auf der anderen Seite Altes und Negatives ab. Negative Menschen, Situationen oder Umstände, die nicht mehr zu Ihren Gedanken passen, müssen sich unweigerlich nach und nach lösen. Geben Sie es zu: Das ist doch eine wunderbare Erkenntnis!

Das Gesetz der Anziehung erklärt, warum Menschen schon seit jeher Erfolg oder Misserfolg erlebt haben. Bereits im alten Ägypten, rund 3000 v. Chr., waren sich die Gelehrten dieser Gesetzmäßigkeit bewusst und nutzten sie für ihre Zwecke. **Sie können Ihr Leben ändern, wenn sich Ihr Denken ändert! Nichts ändert sich, wenn sich Ihr Denken nicht verändert!**

Alte deutsche Sprichwörter sagen es uns doch schon lange: »Gleich und gleich gesellt sich gern«, »Wie du mir, so ich dir« oder »Wie man in den Wald hineinruft, so schallt es heraus«. Ihre vorherrschenden Gefühle, Gedanken und Neigungen bestimmen Ihre geistige Atmosphäre und bringen somit Erfolg oder Misserfolg hervor. Sie können diese Ausstrahlung, die jeder Mensch besitzt, spüren und empfinden Ihre Mitmenschen als sympathisch oder unsympathisch, als anziehend oder eher abstoßend. Je nachdem, ob die vom Gegenüber ausgestrahlte Schwingungsenergie auf Ihrer Wellenlänge liegt oder nicht.

Erhöhen Sie Ihre Resonanzfähigkeit!

Kennen Sie das Phänomen: Sie lesen ein Buch oder sehen sich einen Film an und nehmen alle Eindrücke und Handlungen wahr – meinen Sie zumindest. Wochen, Monate oder Jahre später führen Sie sich das gleiche Buch bzw. den

Film nochmals zu Gemüte und entdecken darin auf einmal etwas, was Ihnen zuvor überhaupt nicht aufgefallen war. Mir ging das früher vor allem bei Hörbüchern so. Ich hörte mir die CDs immer wieder an. Sogar beim zehnten Mal kam es noch vor, dass ich, obwohl ich die Inhalte schon so gut wie auswendig kannte, auf eine Aussage des Sprechers stieß, bei der ich mir dachte: »Hat er das die letzten neun Mal auch schon so gesagt?« Der Grund hierfür ist ein ganz einfacher: Ich war bisher nicht resonanzfähig für diese Aussage und habe sie schlichtweg überhört. Meine Aufmerksamkeit und somit die von mir angezogene Information lag nicht auf dieser Frequenz. Stellen Sie sich das wie bei einem Radio vor. Wenn Sie Ihr Gerät auf UKW stellen, empfangen Sie etwas völlig anderes als jemand, der sein Radio auf Mittelwelle eingestellt hat. Im Grunde sind alle diese Wellen andauernd da, und es ist für jeden möglich, diese Frequenzen zu empfangen. Doch nur Sie selbst entscheiden, welches Programm auf welcher Frequenz Sie empfangen. Noch einmal: **Sie entscheiden, welches Programm Sie in Ihrem Leben empfangen wollen!**

Auf die Fokussierung kommt es an

Die ausschlaggebende Erkenntnis ist, dass Sie durch die bewusste Ausrichtung Ihrer Fokussierung bestimmen können, was Sie in Ihrem Leben empfangen – und was nicht. Überlegen Sie sich, was Sie von ganzem Herzen wollen, und richten Sie Ihre Gedanken darauf aus. Sie müssen nicht detailgenau wissen, wie das alles auszusehen hat, sondern nur, wie sich Ihr Leben anfühlt, wenn Sie es haben. Ein Beispiel aus meinem Leben.

Als ich vor vielen Jahren kurz entschlossen mein BWL-Studium beendete, war mein bis dahin so schulbuchmäßig geplanter beruflicher Lebensweg urplötzlich beendet. Ich saß zu Hause, wusste nur, welchen Job ich nicht mehr machen wollte und hatte gleichzeitig keine Ahnung, wie es mit mir weitergehen sollte. Anstatt in Verzweiflung zu verfallen, traf ich eine Entscheidung. Ich war davon überzeugt, dass diese schwierige Situation eine große Chance für mich beinhaltete und ich meine Gedanken auf die für mich perfekte Lösung fokussieren musste. Dabei wusste ich natürlich nicht, wie diese perfekte Lösung aussehen sollte. Doch mir war klar, dass es den richtigen Beruf oder die richtige Ausbildung für mich geben musste und dass ich sie geistig anziehen könnte, wenn ich mich darauf konzentrieren würde.

Ich fühlte mich mit jeder Faser meines Körpers in diese Situation hinein. Ich spürte, wie es ist, jetzt diesen idealen beruflichen Lebensweg gefunden zu haben, und wie glücklich ich dabei bin. Ich erfreute mich mehrmals täglich an diesem Gefühl und begann, zur großen Verwunderung meiner Eltern und Freunde, mit Gelassenheit und Frohsinn meine momentan recht unsichere Lebenslage zu meistern. »Machst du dir denn keine Sorgen um deine Zukunft? Ist dir das alles egal?«, waren Fragen, die ich oft zu hören bekam. Ich ließ mich davon nicht beeindrucken, denn erstens machte ich mir tatsächlich keine Sorgen um meine Zukunft, denn ich verursachte sie mir ja geistig bereits selbst und zweitens war es mir natürlich alles andere als egal.

Ein guter Freund sagte mir damals: »Mit der Entscheidung kommt die Hilfe.« Meine Entscheidung hatte ich von ganzem Herzen getroffen, und ich wusste, dass ich die Hilfe dank des Gesetzes der Anziehung bekommen bzw. verursachen würde.

Sportmanager – kann man das studieren?

Einige Wochen später saß ich abends an meinem Computer. In einem Internet-Artikel über den FC Bayern München und dessen Manager ging es darum, dass Uli Hoeneß ein Erfolgsmacher im Fußballbusiness wäre, obwohl er kein gelernter Sportmanager sei. Ich las den Satz mit dem »gelernten Sportmanager« ein zweites Mal und fragte mich: »Gelernter Sportmanager... kann man so was denn lernen? Was ist das eigentlich für ein Beruf?« Im Anschluss recherchierte ich fast die ganze Nacht über den Fachbereich des Sportmanagements und die angebotenen Ausbildungsgänge. Zu meiner Verwunderung gab es vergleichsweise viele Möglichkeiten, in diesem Berufsfeld Ausbildungen und Studiengänge zu absolvieren.

Kurze Zeit später startete ich voller Euphorie mein Sportmanagement-Studium mit Schwerpunkt Marketing. Schon während der Studienzeit gelang mir der Einstieg bei einem Club der Frauen-Volleyballbundesliga. Mein Studium machte mir viel Spaß, und ich legte das Diplom am Ende mit großem Erfolg ab. In den folgenden Jahren war ich als Sportmanager im professionellen Sportbusiness tätig, wurde Mitglied der Geschäftsführung einer Bundesliga GmbH und beriet verschiedene Sportvereine und später Unternehmen im Bereich des Marketings. Mein Lebensabschnitt als Sportmanager fand im Frühjahr 2008 seine Krönung mit dem Gewinn der deutschen Meisterschaft in der Frauen-Volleyballbundesliga. Und der Stein des Anstoßes für all das war der Artikel über Uli Hoeneß. Entscheidend für meine Berufswahl war, dass ich meine gesamte Aufmerksamkeit auf eine derartige Lösung gerichtet hatte. Somit zog ich meinen Traumjob unvermeidbar an. Monate zuvor hätte ich den Satz mit Sicherheit einfach überlesen.

Stellen Sie sich Ihrer Verantwortung!

Machen Sie sich klar, was Ihre derzeitigen Lebensumstände sind. Mit welchen Personen haben Sie zu tun? Welchen Job haben Sie oder welche »Zufälle« widerfahren Ihnen häufig? Was möchten Sie gerne ändern? Seien Sie ehrlich zu sich selbst und gestehen Sie sich ein, dass Sie all das, was Ihnen widerfährt, selbst durch die Bilder und Gedanken, die in Ihrem Kopf vorherrschen, angezogen haben. Wenn Sie daran etwas ändern wollen, müssen Sie etwas in Ihrem Kopf verändern. **Niemand anders als Sie selbst ist verantwortlich dafür, wie Ihr Leben aussieht!**

Nun sagen Sie vielleicht: »Ihre Theorie ist ja ganz nett. Aber wie soll es mir gelingen, meine Gedanken zu kontrollieren?« Da haben Sie völlig Recht, das ist nicht möglich. Der Mensch denkt am Tag zehntausende verschiedene Gedanken. Es ist unmöglich, alle zu kontrollieren und ausschließlich positive auszusenden. Das ist aber auch gar nicht notwendig.

Entscheidend für Ihre Gedanken sind Ihre Gefühle! Das, was Sie fühlen, bestimmt Ihre Gedanken. Fühlen Sie sich gut, strahlen Sie überwiegend positive Gedanken nach außen aus. Fühlen Sie sich schlecht, haben Sie negative Gedanken und erleben somit auch im Alltag die von Ihnen selbst angezogene negative Realität, die übrigens wiederum negative Gefühle und Gedanken verursacht. Befreien Sie sich aus diesem Teufelskreis, indem Sie anfangen, sich ganz bewusst gut zu **fühlen**! Hören Sie auf, zu **denken:** »Es geht mir gut.« Das ist in etwa so Erfolg versprechend, wie einen Ackergaul in einem Galopprennen starten zu lassen. Sie müssen Ihre Freude wirklich **fühlen** können! Lernen Sie, in entspanntem Zustand zu visualisieren, und stellen Sie sich lebhaft vor, wie es sich anfühlt, Ihr Ziel **jetzt** schon erreicht zu haben. Ihr Kopf kann zwischen Realität und Vorstellung nicht unterscheiden. In Ihrem Gehirn wird Ihre Vorstellung zu erlebter Realität, die Ihre Gefühle bestimmt und die Aussendung elektromagnetischer Gedanken zur Folge hat. Auf diese Weise können Sie ganz bewusst Ihr Leben verändern, da Sie durch die positiven Gefühle wiederum die entsprechenden Gedanken aussenden und Erwünschtes anziehen und Unerwünschtes abstoßen. Ändern Sie bewusst Ihre Gefühle, dann wird sich auch Ihr Leben ändern. Tun Sie täglich etwas, das Ihnen Spaß und Freude bereitet. Lösen Sie jeden Tag positive Gefühle in sich aus und laden Sie sich selbst als Erfolgsmagneten auf.

Fühlen Sie in sich hinein!

Wenn Sie das Gesetz der Anziehung verstanden haben, wird Ihnen bewusst, dass Sie in Ihrem Leben Großartiges erreichen können. Richten Sie Ihre Aufmerksamkeit darauf aus und erzeugen Sie das Gefühl in sich, es jetzt schon zu erleben oder zu besitzen – das Leben wird Ihnen den erwünschten Zustand auf dem Silbertablett liefern.

Doch seien Sie achtsam: Entscheidend ist nicht, dass Sie sich »aus dem Universum bestellen können, was immer Sie wollen«. Viel wichtiger ist, dass Sie in sich selbst erkennen, was sich für Sie richtig anfühlt und nach was Sie sich tatsächlich sehnen! Natürlich können Sie durch die bewusste Nutzung dieser Spielregel theoretisch tatsächlich alles verursachen. Doch darum geht es nicht! Es geht vielmehr darum, dass Sie in sich hineinhorchen und spüren, was Sie wirklich wollen. Viele Menschen träumen von der berühmten »Million«. Die Verwirklichung dieses Wunsches scheitert aber meist daran, dass sie in Wirklichkeit etwas ganz anderes, etwas, das hinter diesem oberflächlich erscheinenden Wunsch liegt, wollen und dies unterbewusst sehr genau wissen. Hinterfragen Sie sich selbst, warum Sie dieses oder jenes Ziel erreichen möchten, und prüfen Sie, ob es nicht noch ein Ziel hinter dem Ziel gibt.

Ich habe mal einen Geschäftsmann beraten, der sich nach dem Gesetz der Anziehung viel Geld verschaffen wollte. Ich fragte ihn, warum er das wolle. Er meinte, dass er einfach mehr Geld besitzen möchte und dass daran ja wohl nichts Außergewöhnliches sei. Ich entgegnete ihm: »Ja, aber wofür wollen sie mehr Geld?« Darauf erwiderte er, dass er öfter in den Urlaub fahren möchte als bisher. Meine Reaktion darauf war: »Also wollen Sie nicht mehr Geld, sondern mehr Urlaub. Warum haben Sie das Bedürfnis, öfter in den Urlaub zu fahren?« Seine Antwort: »Weil ich zu viel Stress in meinem Job habe und den Druck meines Chefs nicht mehr aushalte. Ich brauche mehr Freiheiten und Freizeit, um abschalten zu können.« Damit waren wir beim eigentlichen Bedürfnis dieses Menschen angekommen, das er dann mithilfe des Gesetzes der Anziehung in den nächsten Monaten umsetzte.

Das oberflächliche Ziel, deutlich mehr Geld, war gar nicht das, was er in erster Linie wollte. Sicherlich hätte er auch das mit viel Disziplin und unter Beachtung des geistigen Resonanzprinzips verwirklichen können. Doch seinem wahren Bedürfnis näher gebracht hätte es ihn nicht. Mehr Geld bedeutet nicht automatisch weniger Stress, mehr Freizeit und schon gar nicht mehr Freiheit. Der Schlüssel für diese Werte liegt mehr in unserer Einstellung und Lebensführung als in der Summe, die auf unserem Kontoauszug steht. Kennen Sie nicht auch wohlhabende Menschen, die unglaublich wenig Freizeit und Freiheiten haben? Sehen Sie!

Sehen Sie bei sich selbst genau hin, was Sie wirklich wollen und wo Ihre wahre Sehnsucht liegt. Es ist nicht entscheidend, dass Sie alles in Ihr Leben zaubern können, was immer Sie wollen, oder Sie beim Leben wie in einem Versandhaus bestellen können. Mit dieser Darstellung kann man Menschen zwar faszinieren und begeistern, doch zu ihrem wahren Ziel, ein wirklich glücklicher Gewinner im

Leben zu werden, führt das nicht zwangsläufig. Machen Sie sich Ihre tiefsten Bedürfnisse bewusst und bestimmen Sie anhand dessen, worauf Sie Ihre volle Aufmerksamkeit richten. Schauen Sie genau hin, ob es auch bei Ihnen ein Ziel hinter dem Ziel gibt, um sicherzugehen, dass Sie Ihren Fokus auf das Wesentliche richten. Senden Sie durch positive Gefühle das Gedankengut eines Gewinners aus und erleben Sie so Ihre neu entdeckte, erfolgreiche Realität.

Das Gesetz der Anziehung in Kürze:

- Gedanken verursachen messbare elektromagnetische Impulse unterschiedlicher Frequenzen.
- Gleiches zieht Gleiches an.
- Worauf Sie Ihre Aufmerksamkeit richten, wird durch Ihre Gedanken wie ein Magnet angezogen.
- Ihr Verhalten bestimmt Ihre Verhältnisse.
- Ihre Gefühle bestimmen Ihre Gedanken.
- Positive Gefühle erzeugen positive Gedanken, wodurch Sie wiederum erwünschte Umstände anziehen und Unerwünschtes abstoßen.

Was jetzt zu tun ist:

- Machen Sie sich bewusst, was Sie wirklich wollen und vor allem warum bzw. zu welchem Zweck Sie das wollen!
- Entspannen Sie sich. Versetzen Sie sich geistig in die Situation des erwünschten Endzustandes. Füh-

---

len Sie die Freude! Stellen Sie sich vor, dass Ihr Ziel JETZT schon verwirklicht ist. Fühlen Sie Dankbarkeit und bedanken Sie sich innerlich für die Erreichung Ihres Ziels.

- Halten Sie Ihren Fokus ununterbrochen auf das Ziel gerichtet. Lassen Sie sich von evtl. aufkommenden Zweifeln nicht beeindrucken. Sie wissen, dass Sie Ihr Ziel erreichen können, wenn Sie es geistig stetig anziehen.

- Bleiben Sie geduldig. Es braucht Zeit, um Ihr Ziel Realität werden zu lassen. Wenn Sie säen, dauert es ein bisschen, bis etwas wächst. Bleiben Sie einfach dran!

- Üben Sie täglich, Ihre Freude zu fühlen und nicht nur zu denken!

3. Das Gesetz der Selbstverantwortung

Geben Sie nie wieder Ihre Macht ab!

Das geistige Naturgesetz der Anziehung besagt, dass alles, was bisher in Ihr Leben getreten ist, von Ihnen angezogen wurde. Wenn wir nun über Selbstverantwortung sprechen, ist es wichtig, Ihnen zuvor eine weitere essenzielle geistige Gesetzmäßigkeit vor Augen zu führen. Es geht um das Prinzip von Ursache und Wirkung. Dieses Prinzip sagt aus, dass jeder Wirkung ein Ursprung vorausgeht. Dazu ein Beispiel: Wenn Sie oft erkältet sind, liegt die Aufgabe weniger in der Bekämpfung der Erkältung an sich, als vielmehr im Erkennen und Beheben der Ursache dieser Immunschwäche. Sie können dieses Prinzip von Ursache und Wirkung auf jeden Lebensbereich anwenden. Die Funktionsweise des Lebens erfolgt ausnahmslos nach diesem Muster.

Wenn Sie dieses geistige Naturgesetz verstanden haben, gelangen Sie automatisch zur nächsten Erkenntnis und somit zum Kern des Gewinner-Gesetzes in diesem Kapitel. Wenn Sie erkennen, dass aufgrund dieser Regel allen Umständen oder Situationen Ihres Lebens immer eine Ursache vorausgegangen sein muss, kommen Sie zu der entscheidenden Frage: »Was ist denn diese Ursache?« Und genau an diesem Punkt trennt sich bei den Menschen die Spreu vom Weizen.

Es liegt an Ihnen!

Ausnahmslos alle Gewinner-Typen dieser Welt haben in diesem Zusammenhang eines verstanden: **Die Ursache aller Wirkungen und Umstände Ihres Lebens sind Sie selbst!**

In den Jahren seit Beginn meiner Beratungstätigkeit habe ich an dieser Stelle oft die erstaunlichsten Reaktionen erlebt. Wenn eine Person diese Tatsache begriffen hatte, löste dies ab und an eine lawinenartige Reaktion aus. Männern und Frauen, denen ich diese Gesetzmäßigkeit im Laufe der letzten Jahre nahegebracht habe, reagierten oft heftig und ganz unterschiedlich auf diese neue Selbsterkenntnis. Manchmal gab es Anfeindungen, Aggressionen, oder Tränenausbrüche. Nicht selten kam es allerdings auch zu Gefühlen von totaler Erleichterung bis hin zu ausgelassenen Freudentänzen, da einige meiner Klienten erkannten, welche Macht ihnen diese Erkenntnis zurückgab.

Ich erinnere mich an eine Frau, die nach unserem Gespräch aufsprang und zu ihrem Handy eilte. Sie rief ihren cholerischen, herrschsüchtigen Lebenspartner in der Arbeit an und teilte ihm mit: »Hallo, Schatz. Die Bedenkzeit, um die ich dich gebeten hatte, ist vorbei. Ich werde dich weder heiraten noch sonst irgendwas in dieser Richtung tun. Und übrigens, nur für den Fall, dass du nochmal zu mir kommen willst, um mich herumzukommandieren: Deine Koffer stehen gepackt neben der Garage. Tschüss!«

Was diese Frau auszeichnete, war die Konsequenz, mit der sie ihr Leben sofort entscheidend veränderte. Sie erkannte das Zauberwort, um das es bei dieser Thematik geht, und das eine Eigenschaft bezeichnet, die allen Gewinnern dieser Welt eigen ist. Es geht um **Selbstverantwortung!**

Schieben Sie es nicht auf die anderen!

Machen Sie sich Folgendes bewusst: **Sie sind die lebende Ursache für alle Umstände und Wirkungen, die Sie tagtäglich erfahren.** Es ist nicht Ihr »unfairer« Chef, nicht Ihr »nerviger« Ehepartner, und es sind auch nicht die »fordernden« Kinder oder Eltern. Nur Sie selbst! Sie sind selbst verantwortlich für Ihr Leben und für die Art und Weise, wie es bisher verlaufen ist. Sie sind ebenso zu 100 Prozent selbst dafür verantwortlich, wie Ihr Leben in Zukunft verläuft und was Sie aus der jetzigen Situation machen. Bemitleiden Sie sich nicht selbst und geben Sie nicht anderen die Schuld an Ihrer derzeit misslichen Lage. Seien Sie ehrlich zu sich! Das Ganze haben Sie sich selbst eingebrockt, und Sie müssen auch von selbst wieder rauskommen.

Vielleicht verfluchen Sie mich jetzt für diese Ausführungen. Jetzt wütend zu werden und Ihre Emotionen durch derartige Ausbrüche zu kanalisieren, ist durchaus eine Möglichkeit – allerdings eine schlechte. Besser wird es dadurch nämlich nicht.

Ich kann solche Gefühle aber nachempfinden, da ich mich selbst damals in der gleichen Situation befand. Ein Mensch, der erkennt, dass er nichts und niemand anderem die Schuld für seine Probleme geben kann als sich selbst, reagiert zunächst oft frustriert. Ich habe vor einigen Jahren innerlich getobt, nachdem ich diese Gesetzmäßigkeit verstanden hatte. Das Muster, andere Menschen oder Umstände für meine Probleme verantwortlich zu machen, war bis dahin so einfach gewesen. Jetzt war diese Seifenblase des Selbstbetrugs zerplatzt, und ich erkannte, dass nicht um mich herum das Problem lag, sondern in mir selbst. Eine verheerende Erkenntnis für jemanden, der sich nur zu gerne auf die Unfähigkeit anderer herausredete, um die eigene Inkompetenz in Sachen Selbstverantwortung zu verdrängen.

Als Tennisspieler bestreite ich bis zum heutigen Tag Turniere. Ich weiß nicht, wie viele Matches ich früher dadurch verloren habe, dass ich irgendeinem unglücklichen Umstand die Schuld an dem wenig vielversprechenden Spielverlauf gab. Wenn es heiß und sonnig war, jammerte ich über die Hitze. Wenn es kühl war, hatte ich aufgrund meiner kalten Hände kein Gefühl beim Schlag. Wenn Wind wehte, fehlte mir aufgrund der Böen die Präzision beim Schlag. Ich fand immer einen Grund, warum irgendetwas mein Spiel behinderte – mit Ausnahme meiner eigenen Unfähigkeit, mit diesen Situationen umzugehen. Die Tatsache, dass der Gegner auf der anderen Seite ebenso mit Wind oder Hitze fertigzuwerden hatte, verdrängte ich. Tennis ist zwar nur ein Spiel, doch die Angewohnheit, die Selbstverantwortung an irgendwelche Umstände abzugeben, hat ein Mensch immer oder gar nicht. So zog sich diese Denkweise bei mir auch durch andere Lebensbereiche – mit entsprechendem Ergebnis.

Das ging bei mir bis zu dem Tag, als ich bei einem Tennisturnier auf der Anlage von Trainerlegende Niki Pilic antrat und dort eine besondere Erfahrung machte. Pilic war und ist bis heute eine Ikone des Tennissports, die ich bis zum damaligen Tag nur aus dem Fernsehen kannte.

Mein Gegner in der ersten Runde war ein junger, spielstarker und extrem motivierter Bursche, der sich bei jedem gewonnenen Punkt lautstark selbst anfeuerte. Die Sonne brannte gnadenlos auf den Platz, und die hohen Temperaturen sowie die sehr extrovertierte Art meines Gegenübers ließen meinen Geduldsfaden schnell dünner werden. Ich verlor den ersten Satz klar mit 2:6. Die einzige Möglichkeit, gegen den jungen Hitzkopf auf der anderen Seite Punkte zu gewinnen, war, ihn in lange Ballwechsel zu verwickeln, damit seine Kondition, seine Beinarbeit und somit sein offensives Spiel schwächer wurden. Lange Ballwechsel hätten für mich allerdings auch bedeutet, bei dieser Gluthitze selbst einen konditionellen Kraftakt zu vollbringen. Genau das Gegenteil von dem, was ich wollte – es war ein Teufelskreis. Also machte ich das, was ich bis dato immer gemacht hatte und am besten konnte: Ich jammerte lauthals über die untragbaren Umstände und ließ die Zuschauer meine Verzweiflung deutlich erkennen. Es stand aus meiner Sicht schon 1:4 im zweiten Satz, als mein Blick auf die Zuschauerplätze abschweifte. Mein Herz schien stehen zu bleiben, als ich sah, dass Niki Pilic Platz nahm und sich ausgerechnet mein Spiel ansehen wollte. Eine Katastrophe! Warum nur? Warum ich? Warum heute? Warum gerade dieses Match unter diesen schlechten Bedingungen?

Die Anwesenheit von Pilic gab mir urplötzlich einen solchen Motivationsschub, dass ich wie ein Besessener lief und spielte. Ich hechtete mich von einer Ecke in die andere und vergaß die »widrigen« Umstände, die mir plötzlich sogar Spaß und meinem Gegner Wadenkrämpfe bescherten. Das Spiel entwickelte sich zu einem Marathonmatch, das ich nach über drei Stunden Spielzeit mit 7:5 im dritten Satz für mich entscheiden konnte. Nach dem Matchball fühlte ich mich total aufgeladen und ging erleichtert zu meiner Bank. Niki Pilic stand am Zaun, gratulierte mir und sagte: »Starke Leistung, Respekt. Du hast zum Schluss wohl ganz vergessen, dass die Sonne immer noch scheint.« Er grinste mich an und ging weiter zum Nebenplatz. Stolz, aber gleichzeitig total verdutzt saß ich auf meiner Bank und dachte über seine Worte nach. Was hatte diese Tennisikone gerade zu mir gesagt?

Geben Sie nie die Kontrolle ab!

Unabhängig von diesem Match gewann ich an diesem Tag noch etwas viel Wertvolleres. Eine Erkenntnis, die mein Leben von da an in allen Bereichen veränderte. Es ging selbstredend um die Selbstverantwortung. Ich hatte die Kontrolle über dieses Spiel an die von mir selbst negativ interpretierten Umstände abgegeben. Urplötzlich wandelte ich das Ganze in meinem Kopf um und nutzte im Endeffekt die gleichen Umstände, um mein Ziel zu erreichen.

Seit diesem Tag übernehme ich in jeder Hinsicht die Verantwortung für mein Leben und für alles, was mir darin widerfährt. Das ist es, was ich auch Ihnen ans Herz legen möchte. 100 Prozent Selbstverantwortung in seinem Leben zu übernehmen ist eine der Grundvoraussetzungen für Ihren Erfolg. Ganz gleich, ob beruflich, finanziell oder privat. Hören Sie auf, sich selbst etwas vorzumachen, und blicken Sie den Tatsachen ins Auge. Sie haben Ihr Leben selbst in der Hand und können frei entscheiden.

Welcher Zustand gefällt Ihnen nicht? Gibt es etwas, das Sie gerne ändern würden, wobei Sie glauben, es nicht zu können, weil es ja Umstände gibt, die das nicht zulassen? Streichen Sie diese Glaubenssätze aus Ihrem Gehirn und erkennen Sie die Wirklichkeit. Nichts und niemand hindert Sie daran, die Dinge so zu verändern, wie Sie es möchten. Kein anderer Mensch ist für Ihre Lebensumstände verantwortlich. Machen Sie die Augen auf und erkennen Sie die unglaubliche Macht, die in dieser Wahrheit enthalten ist. Die Gewinner-Spielregel der Selbstverantwortung besagt zugleich, dass Sie niemanden brauchen, um Ihre Lebensumstände nach Ihren Vorstellungen zu verändern. Sie sind der mächtigste Mensch in Ihrem Leben und haben ab sofort wieder alles in der eigenen Hand, wenn Sie die Verantwortung für Ihr gesamtes Leben selbst übernehmen. Tun Sie dies nicht, geben Sie diese Macht nach außen hin an Ihr Umfeld und die widrigen Umstände ab.

Selbstverantwortung in jeder Hinsicht

Wenn Sie zu den Gewinnern im Leben gehören möchten, gebe ich Ihnen den Rat: Übernehmen Sie sofort die Selbstverantwortung in allen Bereichen! Hören Sie auf, sich über die Finanzkrise, die schlechte Wirtschaftslage, die unfähigen Politiker oder inkompetente Kollegen und Mitarbeiter zu beschweren. Warten Sie nicht auf einen Messias, der Ihre Probleme für Sie löst. Verändern Sie diese Umstände in eigener Initiative. Sie brauchen niemanden außer sich selbst dafür. Wenn Sie etwas nicht ändern können, nutzen Sie diesen Umstand so positiv wie möglich. In meinem Beispiel konnte ich den Umstand der prall scheinenden Sonne auch nicht ändern. Was ich aber ändern konnte, war meine Einstellung dazu. Wer sagt denn, dass dieser oder jener Umstand negativ ist? Es zählt einzig und alleine Ihre Einstellung dazu und Ihr Umgang damit. Setzen Sie neue Ursachen und gehen Sie wie ein Gewinner mit der Situation um. Laufen Sie nicht als Jammerer durch die Welt und sagen: »Unter diesen Umständen kann das bei mir ja nichts werden.« Das wäre blanke Verlierer-Mentalität. So denken Leute, die ihre Macht abgeben. Befreien Sie sich aus dieser Opferrolle!

Verantwortung ist nicht gleich Selbstverantwortung

Eines ist bei dieser Thematik noch wichtig: Verwechseln Sie diese wichtige Spielregel des Lebens nicht damit, ab heute keine Verantwortung mehr an andere abgeben zu dürfen. Gerade im Berufsleben muss man Verantwortung an andere abgeben können. Es geht nicht darum, dass Sie in Ihrem Leben ab sofort alles selber machen und anderen keine Verantwortung oder Aufgaben mehr übertragen bzw. niemand anderem mehr als sich selbst vertrauen. Es geht darum, für all Ihre Taten, Entscheidungen und Erfahrungen selbst die Verantwortung zu übernehmen. Sie tragen auch dann noch selbst die Verantwortung, wenn Sie sie in bestimmten Bereichen an andere abgeben. Für die Auswirkungen dieser Verantwortungsübergabe sind in letzter Instanz Sie selbst verantwortlich!

Nehmen wir als Beispiel einen Firmenchef. Auch er vermag niemals alles in der Firma selber zu machen und übergibt daher verschiedene Verantwortungsbereiche an seine Mitarbeiter. Was diese Personen daraus machen, und die Ergebnisse, die sich dadurch für die Firma ergeben, liegen dennoch am Ende wieder im Verantwortungsbereich des Chefs. Sie sind der Chef Ihres Lebens! Übernehmen Sie die Verantwortung dafür!

Säen Sie heute – ernten Sie morgen!

Setzen Sie ab sofort die Ursachen für die Umstände in der Zukunft so, dass Sie die Wirkungen bekommen, die Sie sich wünschen. **Was Sie morgen ernten wollen, müssen Sie heute säen.** Wenn Sie aber derzeit mit einer schwierigen Wirkung leben müssen, deren Ursache Sie in der Vergangenheit selbst gesetzt haben, nutzen Sie diese Situation zu Ihrem Vorteil. Ein Umstand oder eine Situation ist grundsätzlich immer neutral. Entscheidend ist, was Sie daraus machen. Wenn Ihnen Ihr Chef ein Messer in die Hand gibt, können Sie ihn damit bedrohen oder sich ein leckeres Marmeladenbrot damit schmieren. Das Messer an sich ist neutral. Entscheidend ist, wie Sie damit umgehen!

Seien Sie mutig! Schauen Sie in den Spiegel und geben Sie demjenigen, den Sie darin sehen, die Macht über sein eigenes Leben zurück. Seien Sie in Ihrem Leben der Schöpfer – nicht das Opfer. Egal, was in Ihr Leben tritt, sei es positiv oder negativ. Beginnen Sie, verantwortungsbewusst zu denken und zu handeln, wie es alle Gewinner tun. Wenn es Ihnen gelingt, sich diese Einstellung anzueignen, haben Sie einen der wichtigsten Schritte in ein erfolgreiches Leben gemacht.

Das Gesetz der Selbstverantwortung in Kürze:

- Machen Sie sich bewusst: Sie sind die Ursache für die Wirkungen und Umstände Ihres Lebens!
- Niemand außer Ihnen selbst ist verantwortlich für den Verlauf Ihres bisherigen und zukünftigen Lebens.
- Sie werden morgen ernten, was Sie heute säen. Setzen Sie bewusst die richtigen Ursachen und übernehmen Sie die volle Verantwortung für alles, was sich daraus ergibt.
- Nutzen Sie schwierige Situationen zu Ihrem Vorteil und behalten Sie dabei stets eine positive Einstellung.
- Behalten Sie ab sofort die komplette Kontrolle über Ihr Leben, indem Sie sich als Schöpfer und nicht als Opfer Ihrer Lebensumstände erkennen.
- Keine Ausreden und Schuldzuweisungen mehr! Es ist einzig und alleine Ihre Aufgabe, Ihr Leben besser zu gestalten.

Was jetzt zu tun ist:

• Hören Sie auf zu jammern und suchen Sie sich neue Herausforderungen, um zu trainieren, wie man Verantwortung übernimmt.

• Erstellen Sie eine Liste. Notieren Sie in der linken Spalte alle Umstände Ihres Lebens, die Sie unzufrieden machen. In der rechten Spalte formulieren Sie aus, was Sie sich stattdessen wünschen. Nehmen Sie sich ausreichend Zeit dafür.

Erstellen Sie eine zweite Liste mit präzisen, einfachen Schritten, die Sie an Ihr Ziel führen. Nehmen Sie sich jede Woche mindestens ein Thema vor. Arbeiten Sie täglich an der Umsetzung!

4. Das Gesetz der Motivfindung

Klären Sie die Frage nach dem »Warum?«

Im Laufe meiner Beratungstätigkeit habe ich bei den verschiedensten Menschen wie auch Firmen eine für mich erstaunliche Erfahrung gemacht. Jeder Kunde, zu dem ich kam, hatte ein spezielles Anliegen oder Problem, das es zu lösen galt. Es bestand immer völlige Klarheit darüber, nicht auf der Erfolgsspur zu sein, doch der Lösungsweg lag gänzlich im Dunkeln. Dieser Umstand war immer einem der folgenden Gründe zu verdanken: Bisweilen lagen bei manchen Personen oder Unternehmen keine stimmigen Zielsetzungen und detaillierten Pläne zur Umsetzung dieser Ziele vor. Ein großer Teil meiner Kunden hatte jedoch konkrete Ziele formuliert, und allen Beteiligten war klar, in welche Richtung es gehen sollte. Doch die entscheidende und viel wichtigere Frage als die nach dem »Wohin?« hatte sich oft noch niemand bewusst gemacht. Wollen Sie wissen, was in Wirklichkeit die entscheidende Frage wäre? Ich veranschauliche es Ihnen anhand eines kleinen Beispiels.

Wohin darf es denn gehen?

Vor einigen Jahren bat mich ein Reisebüro um ein Coaching. Die Firmenchefin erläuterte mir: »Über den Zulauf an Kunden können wir uns nicht beschweren. Die Resonanz ist gut, doch uns gelingt es, aus welchem Grund auch immer, nicht, dem Kunden das zu geben, wonach er sucht. Wir verkaufen zu wenig.« Die Verzweiflung stand ihr im Gesicht geschrieben.

Diese Firmenchefin wirkte auf mich wie die Mitarbeiterin eines Ein-Sterne-Hotels, das sie mir selbst niemals weiterempfohlen hätte. Es fehlte ihr und ihren Mitarbeitern keinesfalls am Engagement oder gar an der Angebotsvielfalt. Es herrschte nur eine generelle Unfähigkeit, die wahren Bedürfnisse der Kunden zu erkennen. Nach einer kurzen Besichtigung der Geschäftsräume, in denen in unzähligen Farben, Bildern und Worten neue Urlaubsziele beworben wurden, stellte ich ihr folgende Frage: »Stellen Sie sich vor, ich käme als Kunde zu Ihnen, weil ich in den Sommerurlaub fahren möchte. Welche Frage stellen Sie mir als Erstes?« Die Antwort kannte ich, noch ehe sie ausgesprochen wurde. Sie sagte: »Ich würde Sie fragen, wohin Sie fahren wollen.« Genau da liegt das Problem!

Was sind Ihre Beweggründe?

Sich Ziele zu setzen und den Weg zum Ziel genau zu kennen bzw. zu planen ist ein unabdingbarer Schritt auf dem Weg zum Erfolg. An dieser Tatsache besteht kein Zweifel. Es gibt allerdings eine Frage, die von noch größerer Bedeutung ist und die noch **vor** dem Zielsetzungsprozess stehen sollte. Es geht um die Frage nach dem »Warum?« und dem »Wofür?«. Viele Menschen sind absolute Zielsetzungsweltmeister. Ständig werden hohe Ziele angepeilt, und man tut alles dafür, um die Ziele zu erreichen. Die persönliche

Zielsetzungsleiter wird so schnell wie möglich erklommen. Am Ende kommt man dann ganz oben an und stellt fest, dass die Leiter an der falschen Hausmauer lehnt. Viele vergessen, sich die entscheidende Frage zu stellen. Das »Wohin?« allein hilft nicht weiter, sondern macht nur in Kombination mit dem »Warum?« und dem »Wofür?« Sinn.

Diese Erkenntnis habe ich auch den Mitarbeitern des Reisebüros vermittelt. Die Frage, die ich einem Menschen stellen sollte, der einen Urlaub buchen will, ist nicht: »Wohin wollen Sie in den Urlaub?«, sondern »Warum wollen Sie in den Urlaub?«. Eine andere Herangehensweise, die sich direkt an den wahren Bedürfnissen des Kunden orientiert. Die wenigsten Leute, die ein Reisebüro betreten, haben eine konkrete Vorstellung, wohin sie fahren möchten. Aber alle diese Menschen haben ein Motiv. Es gibt einen inneren Beweggrund, warum sie in den Urlaub fahren wollen. Diese Motivation gilt es herauszufinden. Wenn der Kunde auf die Frage nach dem »Warum?« erwidert, dass er sich nach Ruhe und Entspannung sehnt, fallen Städtereisen nach Tokio, London und Las Vegas beispielsweise schon mal weg.

Das von mir betreute Reisebüro hat seine Beratungen dementsprechend umgestellt und von da ab an den Motiven der Kunden ausgerichtet. Die Kunden wurden nun immer nach dem »Warum?« gefragt, und das Reisebüro wurde in drei visuell gut zu unterscheidende Bereiche aufgeteilt.

Es gibt nun eine in Rot und Orange gestaltete Ecke, in der man Informationen über Abenteuer- sowie Erlebnisurlaub mit Kindern erhält. Ein Bereich ist in bläulichen Tönen gehalten – dort kann man sich über Urlaubsmöglichkeiten am

Meer, an Seen oder über Wellnessurlaube informieren. Als drittes wurde ein in grünlichen Farben gehaltenes Areal geschaffen, in dem man sich ländliche, naturverbundene oder kulturelle Urlaubsangebote ansehen kann. Die Anzahl der gebuchten Urlaubsreisen ist rapide gestiegen. Menschen, die das Reisebüro jetzt betreten, haben sofort das Gefühl, dort finden zu können, wonach sie sich innerlich sehnen.

Lassen Sie das Hamsterrad hinter sich!

Beziehen Sie diese Erkenntnis auf Ihre persönliche Situation. Stellen Sie sich in den verschiedenen Lebensbereichen die Frage nach dem »Warum?« und dem »Wofür?«. Es handelt sich um eine Fragestellung, deren Erkenntnisse Ihr Leben entscheidend verändern können. Nehmen Sie sich noch heute mindestens eine halbe Stunde Zeit, um über das »Warum?« und »Wofür?« in Ihrem Leben nachzudenken.

In der heutigen Zeit, in der alles immer schneller, besser und größer werden muss, machen sich die Menschen häufig selbst zu Opfern dieser Negativspirale. Irgendwann ist der Punkt erreicht, an dem das Ganze keinen Spaß mehr macht, da es einem über den Kopf wächst. Man beginnt nur noch zu funktionieren. Wie eine Maschine, die den Sinn ihrer Tätigkeit nicht hinterfragt, spulen wir unser Programm herunter und steuern damit zuverlässig an unseren wahren Bedürfnissen vorbei. Kennen Sie das Gefühl, nur noch zu funktionieren?

Wenn ja, dann sind Sie in bester Gesellschaft. Auch ich kenne dieses Gefühl aus meiner Vergangenheit – und ich kenne die Größe der Aufgabe, sich aus dem Hamsterrad des »Funktionierenmüssens« zu befreien. Man kann doch die anderen nicht im Stich lassen. Man wird gebraucht und sollte in erster Linie an die Nöte der anderen denken und nicht immer nur an die eigenen Bedürfnisse.

Schluss damit! Denkmuster wie diese sollten Sie noch heute auf ein Blatt Papier schreiben und dieses anschließend in Brand stecken. Befreien Sie sich davon! Die Fokussierung auf Ihre eigenen Bedürfnisse wird Ihnen guttun.

Motivieren Sie sich selbst!

Machen Sie sich bewusst, dass z.B. die neue Volkskrankheit des **Burnout-Syndroms** eine Folge dieser nicht an den eigenen Motiven ausgerichteten Lebensweise ist. Auch zahlreiche Formen der Depression sind darauf zurückzuführen, dass Menschen ihre wahren inneren Bedürfnisse nicht erkennen oder sich nicht trauen, diesen Gefühlen die notwendige Aufmerksamkeit zu schenken. Heutzutage kaufen sich viele Menschen Bücher, CDs und DVDs oder besuchen Seminare, um sich neu motivieren zu lassen. Unternehmen heuern Motivationstrainer an, um ihre Mitarbeiter zu motivieren. Die verschiedensten Leute aus den unterschiedlichsten Bereichen des Lebens fühlen eine gewisse Leere in sich und suchen einen Heilsbringer, der ihnen zu neuer Motivation verhelfen soll.

Auch ich werde für derartige Veranstaltungen regelmäßig von Profisportlern und Firmen angefragt. Im Vorgespräch teile ich den Kunden dann immer die unbequeme Wahrheit mit: »**Grundsätzlich kann kein Mensch einen anderen nachhaltig motivieren. Auch ich nicht.**« Diese Ehrlichkeit hat mich zwar schon den ein oder anderen Auftrag gekostet, doch eine Zusammenarbeit, die auf Illusionen aufgebaut ist, führt niemals zu nachhaltiger Zufriedenheit auf beiden Seiten. Daher entscheide ich mich generell für den ehrlichen Weg.

Niemand kann einen anderen motivieren. Sie fragen sich jetzt vielleicht: »Was ist denn dann mit diesen Motivationsgurus, die Tausende von Menschen begeistern? Oder mit Motivationskünstlern im Sport wie Jürgen Klinsmann oder Christoph Daum?« Es gibt einen entscheidenden Unterschied. Die sogenannten »Motivationskünstler« sind Personen mit der Gabe, in anderen Menschen Emotionen anzusprechen und auf diese Weise kurzfristige Leistungssteigerungen zu erzielen. Ich würde diese absolut legitime Methode eher unter dem neudeutschen Ausdruck »pushen« als unter dem Begriff »motivieren« einordnen. Wenn es überhaupt so etwas wie einen Motivationskünstler gibt, dann ist das eine Person, die fähig ist, anderen Menschen Wege aufzuzeigen, wie man seine eigenen inneren Motive erkennen kann. Das mit dem Begriff »Motivation« in Zusammenhang stehende Wort »Motiv« ist der innere Beweggrund. Es geht zum einen um die Frage nach dem »Warum?«, also um den ursprünglichen Grund. Zum anderen geht es bei der Motivfindung auch um die Frage nach dem »Wofür?«, also um die Vision dahinter. Zu welchem Zweck machen wir das, was wir machen? Wozu soll es dienen? Was erfahren oder erhalten wir dadurch? Das sind die Fragen, die uns beschäftigen, und wenn uns die Antwort darauf bewusst wird, haben wir die Energie, unsere Tätigkeiten tagtäglich motiviert auszuführen. Fehlt Ihnen hingegen das Bewusstsein über die wahren Motive Ihrer Handlungen, geraten Sie schnell in einen Zustand der Antriebslosigkeit und Frustration, der mit Misserfolg einhergeht und dazu führt, dass Ihnen das Gefühl inneren Glücks und Erfüllung fehlt.

Extrinsische versus intrinsische Faktoren

Man spricht in diesem Zusammenhang von extrinsischer und intrinsischer Motivation. Extrinsische Motivationsfaktoren sind all jene, die von außen auf uns einwirken. Beispiele dafür sind Aufmerksamkeit und Anerkennung von anderen Menschen, Aufstiegschancen im Beruf und das liebe Geld. All diese Dinge geben uns den kurzfristigen äußerlichen Anreiz, zu handeln. Bei der intrinsischen Motivation dagegen handelt es sich um die wahren inneren Beweggründe, warum bzw. wofür man etwas tut. Als ich z.B. zusammen mit einem Geschäftspartner vor einigen Jahren eine Tennisschule aufgebaut habe, war ich in meinem Job als Tennislehrer intrinsisch motiviert. Warum? Weil ich Tennis liebe. Diese wunderbare Sportart anderen Menschen beizubringen, war für mich eine erfüllende Tätigkeit, die ich auch ohne den extrinsischen Faktor »Geld« ausgeübt hätte.

Interessant wird die Angelegenheit, wenn wir eine Tätigkeit aus intrinsischen Motiven beginnen, zu denen im Laufe der Jahre aber verschiedene extrinsische Faktoren hinzukommen. Ein Beispiel: Ein Jugendlicher spielt für sein Leben gerne Fußball. Er verfügt über großes Talent und erhält von einem Verein das Angebot, sein Hobby zum Beruf machen zu können. Er wird Fußballprofi. In den nächsten Jahren wird es für den mittlerweile jungen Mann zur Normalität, sein Hobby beruflich auszuüben, und sein Fokus richtet sich im Rahmen von Vertragsverhandlungen und anderen äußeren Umständen immer mehr auf extrinsische Motivationsfaktoren, wie z.B. möglichst hohes Gehalt, möglichst viel positive Berichterstattung in den Medien und eine möglichst große Popularität bei möglichst vielen Fans.

Wenn dieser Fußballspieler wegen dieser äußeren Reize das Bewusstsein für seine wahren inneren Motive verliert, ist eine mentale Krise, die die Karriere zerstören kann, vorprogrammiert. In unserer Gesellschaft, in der wir den Fokus häufig mehr auf Äußerlichkeiten richten als auf innere Werte, vergessen wir oftmals unsere wahren ursprünglichen Beweggründe. Der extrinsische Faktor verdrängt leider sehr leicht den intrinsischen. Achten Sie darauf, dass Ihnen das nicht passiert!

Ihre Aufgabe liegt darin, innezuhalten und sich selbst nach Ihren wahren inneren Motiven zu hinterfragen. Nachhaltige Motivation ist das Erkennen Ihrer wahren Motive. Fragen Sie sich, warum und wofür Sie tun, was Sie tun. Wenn Sie die Antwort dafür kennen, fragen Sie wieder nach dem »Warum?« und »Wofür?«. Fragen Sie so lange weiter, bis Sie an Ihrem wahren Motiv angelangt sind. Stellen Sie sich eine Zwiebel vor. Um zum Inneren gelangen zu können, müssen Sie Schicht für Schicht abtragen. Wenn es Ihnen gelingt, Ihre intrinsischen Primärmotive zu finden, sind Sie auf eine mentale Energiequelle gestoßen. Aus dem Erkennen des Sinns Ihrer Handlungen schöpfen Sie die nötige Kraft, tagtäglich an sich zu arbeiten, immer besser zu werden und anstehende Aufgaben zu erfüllen. Gehen Sie es an: Fühlen Sie tief in sich hinein, um zu erkennen, was in Ihnen steckt!

Das Gesetz der Motivfindung in Kürze:

- Niemand kann Sie nachhaltig motivieren außer Sie selbst.
- Motivation ist das bewusste Erkennen Ihrer wahren intrinsischen Motive.
- Nicht das »Wohin?« ist entscheidend, sondern das »Warum?« und »Wofür?«.
- Motive geben unseren Zielen erst ihren Sinn.
- Zu nachhaltiger Motivation führen nur intrinsische, innere Beweggründe. Alle extrinsischen, äußerlichen Motivationsfaktoren sind zeitlich sowie inhaltlich begrenzt.
- Extrinsische Motive verdrängen intrinsische, wenn Sie sich diese nicht bewusst machen.
- Durch Klarheit über das »Warum?« und »Wofür?« des eigenen Handelns erhalten Sie Kraft und Energie für alle zukünftigen Aufgaben.

Was jetzt zu tun ist:

- Überdenken Sie die verschiedenen Lebensbereiche, wie z.B. Beruf, Finanzen, Partnerschaft. Notieren Sie, warum und wofür Sie in diesem oder jenem Bereich so handeln, wie Sie es tun.

- Überprüfen Sie, ob Ihren Zielsetzungen intrinsische Motive zugrunde liegen, und wenn ja, welche das sind.

- Finden Sie heraus, ob das Motiv, auf das Sie gestoßen sind, wirklich das Kernmotiv ist. Sind Sie an der Kernantwort angekommen? Oder gibt es noch ein Motiv hinter dem Motiv?

5. Das Gesetz der Zielsetzung

Planen Sie Ihr Leben genauso wie Ihren Urlaub?

In diesem Kapitel zeige ich Ihnen, wie Sie Ihre Ziele richtig formulieren und vor allem, wie Sie von der Zielsetzung zur Umsetzung gelangen. In der Umsetzung liegt die Krux. Wie oft höre ich den Satz: »Ich weiß schon, was ich will, aber die Umsetzung fällt mir so schwer.« In diesem Zusammenhang habe ich in den letzten Jahren zwei Ursachen für Schwierigkeiten bei der praktischen Realisierung von Zielsetzungen herausgefunden.

Die erste mögliche Ursache: Sie kennen Ihr Ziel nicht genau oder haben es falsch formuliert. Haben Sie sich schon einmal 15 Minuten lang hingesetzt und sich schriftlich Gedanken über Ihre Ziele gemacht? Die meisten Menschen investieren mehr Zeit in die Planung des nächsten Urlaubs als in die Planung des eigenen Lebens. Ist Ihnen Ihr Leben nicht mehr wert als ein Urlaub?

Die eigenen Ziele nicht zu kennen, ist eine Garantie dafür, niemals irgendwo anzukommen. Häufig wissen Menschen nur, was sie nicht möchten, vergessen dabei aber, sich klarzumachen, was sie eigentlich wollen. Stellen Sie sich vor, Sie gehen am Bahnhof zum Schalter und sagen: »Ich hätte gerne eine Fahrkarte, aber bitte nicht nach Berlin.« Der Schalterbeamte wird Sie ganz verdattert anschauen und Sie fragen, wohin Sie möchten. Ihre Antwort: »Nach München will ich eigentlich auch nicht.« Mit dieser seltsamen

Taktik werden Sie ganz bestimmt eine tolle Reise unternehmen! Beginnen Sie, sich darüber klar zu werden, wo Sie in Lebensbereichen wie Gesundheit, Beruf, Finanzen, Partnerschaft usw. überhaupt hinwollen. Wo möchten Sie am Ende stehen? Wie Ziele formuliert werden sollten, so dass man sich selbst keine falsche Wegbeschreibung ausstellt und tatsächlich dort ankommt, wo man hinwill, verrate ich Ihnen gleich.

Geben Sie Ihre Bequemlichkeit auf!

Zuvor möchte ich noch das Geheimnis der zweiten Ursache lüften, die dafür verantwortlich ist, dass viele Menschen ihre Ziele nicht praktisch umsetzen können: **Bequemlichkeit!**

Tut mir leid, wenn Sie das jetzt nicht gerne hören. Vielleicht denken Sie jetzt: »Na und? Ich bin halt ein gemütlicher Typ. Wo ist das Problem?« Das Problem ist, dass Sie keinen Millimeter näher an Ihre Träume, Ziele und somit ein Leben als Gewinner herankommen, wenn Sie sich nicht von Ihrer Bequemlichkeit verabschieden! Es hilft auch nichts, zu sagen: »Die anderen sind doch auch faul.« Wollen Sie sein wie »die anderen«? Oder wollen Sie eines Tages zu »den anderen« sagen können: »Seht her, ich hab's geschafft!« Also packen Sie es an! Was haben Sie für eine Alternative? Die Alternative wäre, dass Sie Ihre Ziele nicht erreichen, da Sie Ihrer Faulheit den Vorrang gewähren und ein erfolgloses und unzufriedenes Leben führen. Was für eine Aussicht!

Natürlich kennt jeder diesen inneren Schweinehund. Die

eigene Faulheit für immer abstreifen zu können, ist eine Illusion, doch entscheidend ist etwas anderes: Ihre Faulheit hat eine Existenzberechtigung, doch Sie dürfen sich nicht von ihr dominieren lassen! Es ist keine Tragödie, wenn Sie in Einzelfällen der Bequemlichkeit nachgeben und mal »alle fünfe gerade sein lassen«. Doch am Ende müssen Sie in den Spiegel schauen und sagen können: »Ja, ich habe mein Bestes gegeben, um mein Ziel zu erreichen.« Wenn Sie alles in Ihrer Macht Stehende tun, um die festgelegte Zielsetzung zu erreichen, werden Sie unausweichlich Erfolg haben und Ihr Leben positiv verändern. Alles andere ist Selbstbetrug.

Eine Checkliste für Ihre Zielsetzung

Die Frage ist nun, wie setze bzw. formuliere ich meine Ziele richtig? Dazu gebe ich Ihnen eine Checkliste mit sieben Punkten an die Hand, die allesamt erfüllt sein müssen, damit Sie mit maximaler Wahrscheinlichkeit an Ihr Ziel kommen. Für die Erreichung Ihrer Ziele ist diese korrekte Formulierung wichtig, denn falsche Zielformulierungen können das Erreichen von Zielen schwierig oder sogar unmöglich machen. Die Macht formulierter Gedanken und Worte ist stärker, als es vielen Menschen bewusst ist.

Beachten Sie bei Ihrer Zielsetzung folgende Punkte:

1. Ihr Ziel muss motivierend sein
Sie sollten immer kontrollieren, ob Sie das Ziel, das Sie mit voller Aufmerksamkeit ansteuern, auch wirklich noch inte-

ressiert. Verändert dieses Ziel, wenn Sie es erreicht haben, Ihr Leben positiv? Spüren Sie ein Kribbeln in sich, wenn Sie daran denken, es geschafft zu haben? Sie sollten das Ziel mit jeder Faser Ihres Körpers erreichen wollen.

2. Ihr Ziel muss erreichbar sein

Auch wenn sich diese Anweisung sehr simpel anhört, habe ich schon oft erlebt, dass dieser Punkt einen großen Stolperstein darstellt. Ob Sie ein Ziel erreichen können oder nicht, liegt in erster Linie daran, ob Sie daran glauben. Ich stelle Ihnen hier nicht die Frage, ob das gewählte Ziel theoretisch erreichbar ist, denn das können Sie selbst einschätzen. Es geht vielmehr darum, ob Sie daran glauben, dass **Sie** das Ziel erreichen können! Wenn Sie davon nicht hundertprozentig überzeugt sind, ist alles Weitere sinnlos. Dann sollten Sie entweder an Ihrem Selbstbewusstsein arbeiten, um sich mehr zuzutrauen, oder sich ein kleineres Ziel suchen. Aber Achtung: Kleine Ziele motivieren oftmals nicht so sehr. Spüren Sie in sich hinein, ob Sie den Glauben an sich selbst haben, dort ankommen zu können, wo Sie hinwollen.

3. Ihr Ziel muss messbar sein

Fügen Sie Ihrer Zielsetzung einen messbaren Wert hinzu. Konkretisieren Sie Aussagen, wie z.B.: »Ich will mehr Geld verdienen«. Was ist denn mehr Geld? Fünf Euro? Tausend Euro? Oder eine Million? Setzen Sie eine Marke, anhand derer Sie feststellen können, wann Sie Ihr Ziel erreicht haben.

4. Ihr Ziel muss individuell sein

Die Erreichung Ihres Ziels darf nur von Ihnen selbst abhängig sein. Es sollten keine äußerlichen Abhängigkeiten vorhanden sein. Ich weiß, dass dies eine große Herausforderung darstellt, doch es ist ein wesentlicher Punkt, um sich bei der eigenen Zielsetzung nicht in eine Sackgasse zu manövrieren. Ein Beispiel: Wenn ich als Coach mit Profisportlern arbeite und wir uns im Zielfindungsprozess befinden, lehne ich Ziele wie »deutscher Meister« oder »Top-Ten-Platzierung« ab. Als Traum kann man diese Visionen durchgehen lassen, doch wenn wir uns konkrete Ziele setzen, sollten wir diese so ausrichten, dass wir uns in ihrer Erreichbarkeit nicht von anderen abhängig machen. Ich arbeite beispielsweise im Rennsport nur mit Zeiten, die sich Athleten setzen sollen. Diese Zeitmarken gelten als feste Zielgröße, die in der athletischen, technischen und mentalen Arbeit fokussiert wird. Die gesetzten Zeiten zu erreichen ist von niemand anderem abhängig als vom Sportler selbst. Er fühlt sich nicht machtlos oder abhängig von Leistungen anderer. Bei der Zielsetzung »deutscher Meister« ist das anders, denn selbst wenn man am Tag des Wettkampfes seine beste Leistung abliefert, kann es sein, dass andere noch besser sind. Das Gute an dieser Art der Zielsetzung ist: Wenn Sie Ihre individuellen Ziele erreichen, erfüllen sich auf diesem Weg meist auch die anderen Wunschvorstellungen. Wenn ein Sportler die von ihm angepeilte Zeit erreicht, hat er gleichzeitig gute Chancen, dass sein Wunsch, z. B. unter den besten zehn zu sein, in Erfüllung geht. Sein Fokus war dabei aber immer nur auf sich selbst gerichtet, und er kann, unabhängig von äußeren Einflüssen oder Umständen, das Beste geben. Das gibt ihm ein gutes Gefühl.

5. Ihr Ziel muss zeitlich fixiert sein

Setzen Sie sich einen Termin, bis zu dem Sie Ihr Ziel spätestens erreicht haben wollen. Das kann ein Datum sein oder auch ein festgelegter Zeitraum, wie z. B. die Formulierung »innerhalb dieses Jahres«. Nehmen Sie diese zeitliche Fixierung unbedingt in Ihre Zielsetzung mit auf, denn fehlende zeitliche Festlegung eröffnet Ihrem inneren Schweinehund eine Vielzahl an Ausreden. Einen Zeitrahmen abzustecken hilft, den Eigenantrieb zu erhöhen. Termine zur Erfüllung eines Vorhabens sind entscheidend für Erfolg – und in unserem Alltag ganz normal. Sie bestellen ja aus einem Katalog auch kein Produkt und schreiben auf den Bestellschein: »Liefern Sie mir das Produkt dann, wenn es Ihnen am besten passt.« Integrieren Sie eine Terminierung in Ihre Ziele!

6. Ihr Ziel muss visionär sein

Visionär bedeutet, dass das Ziel in Ihre Lebensplanung bzw. Lebensvision passen muss. Prüfen Sie immer wieder, wie Ihr Leben aussieht und sich verändert, wenn Sie Ihr Ziel erreicht haben. Gefällt Ihnen Ihr Leben dann? Oder bringt das Ganze Veränderungen und Konsequenzen mit sich, die nicht zu Ihren Vorstellungen von Ihrem Leben passen? Stellen Sie sich eine junge Sportlerin vor, die es sich zum Ziel gesetzt hat, Profi zu werden. Gleichzeitig ist es ihre Vorstellung vom Leben, spätestens mit Mitte 20 verheiratet zu sein, in einem eigenen Haus zu wohnen, eine Familie mit zwei Kindern sowie einem Hund zu haben und das Familienleben zu genießen. Nicht, dass an dieser Lebensplanung etwas auszusetzen wäre, doch steht sie in Konflikt mit der beruflichen Zielsetzung, Profisportler zu werden. Im professionellen Sport zu arbeiten, bedeutet, viel auf Reisen zu sein und sich in erster Linie auf sich selbst zu konzentrieren – kurz und knapp: Es gibt keinen Raum für ein enges Familienleben. Nun gibt es zwei Möglichkeiten. Entweder man verändert seine Lebensplanung oder man korrigiert seine Zielsetzungen. Entscheidend ist, dass eines von beidem geschieht, da man andernfalls weder sein Ziel noch ein glückliches und zufriedenes Leben erreichen kann.

7. Ihr Ziel muss positiv formuliert sein

Bringen Sie mit Ihrer Zielsetzung klar zum Ausdruck, was Sie wollen – nicht das, was Sie nicht wollen. Formulieren Sie einen kurzen Satz, in dem konkret steht, wie der erwünschte Endzustand aussehen soll. Vermeiden Sie negative Ausdrücke und Wörter wie »nicht«, »kein« oder »weniger«, denn damit lenken Sie Ihre Aufmerksamkeit genau auf das, was Sie **nicht** wollen!

Formulierungen wie beispielsweise »Ich will weniger Schulden machen«, »Keinen Fünfer mehr im Zeugnis« oder »Die Krankheitsrate in unserer Firma soll sinken« gehören umformuliert. Wirkungsvolle Zielsetzungen könnten z. B. so lauten: »Bis zum 1. September habe ich 100 000,- Euro Gewinn gemacht«, »Mein Notenschnitt in diesem Schuljahr liegt unter 2,5« oder »Wir erhöhen bis Ende des Jahres das

Wohlbefinden unserer Mitarbeiter durch tägliche Maßnahmen zur Steigerung der Mitarbeiterzufriedenheit.« Formulieren Sie diese Sätze immer in der Ich- bzw. Wir-Form.

Achten Sie in diesem Zusammenhang auch darauf, dass Sie sich nicht nur »Haben-Ziele« setzen. Viele Menschen wollen von Anfang an nur immer etwas haben, doch was Sie viel dringender brauchen, sind in erster Linie »Sein-Ziele«! **Sie müssen jemand sein, um etwas zu tun. Erst dann können Sie etwas haben.** Konzentrieren Sie sich bei den Zielsetzungen auf sich selbst, dann kommt alles andere von ganz allein.

Erarbeiten Sie eine Zielstruktur

Nachdem Ihnen die entscheidenden Punkte zur korrekten Formulierung von Zielen klar sind, beginnen Sie, diese in die Praxis umzusetzen. Kehren Sie bei diesem Zielsetzungsprozess die Treppe von oben nach unten, d. h. fangen Sie bei Ihrem Fernziel an. Überlegen Sie sich den erwünschten Endzustand. Welches Fernziel wollen Sie langfristig konkret erreichen? Schreiben Sie es sich auf!

Nun erarbeiten Sie eine zeitliche Zielstruktur, in der Sie Zwischenziele formulieren. Gestalten Sie die Zeiträume dieser Zwischenschritte frei nach Ihren Bedürfnissen. Ich empfehle Dreijahresziele, Jahresziele und Quartals- bzw. Monatsziele. Dies sind aus meiner Erfahrung zeitlich sinnvolle Etappen auf dem Weg zum Fernziel. Die Unterteilung in Zwischenziele ist extrem wichtig, damit Sie Ihren Fortschritt kontrollieren können und motiviert bleiben, bis zum

Schluss weiterzumachen. Wenn ein Bergsteiger ohne Plan vor dem Mount Everest steht, erschlägt ihn die Wucht des Berges, und er fragt sich zu Recht, wie er jemals dort hinaufkommen soll. Wenn er allerdings klare Stufen für sein Fernziel, also Tagesetappen, Zwischenlager etc. festgelegt hat und sich seine Energie sowie den Proviant richtig einteilt, wird er es Schritt für Schritt schaffen und am Ende oben ankommen. Das Gleiche gilt auch für all Ihre Ziele.

Im Anschluss daran fangen Sie an, Ihre Zielsetzungen in Ihr Leben zu integrieren! Sorgen Sie dafür, dass Sie im Alltag immer wieder an Ihre Ziele erinnert werden. Seien Sie dabei kreativ! Schreiben Sie sich Ihre Ziele auf einen Zettel und legen Sie diesen in Ihren Geldbeutel. Malen Sie sich ein großes Plakat und hängen Sie es in Ihre Küche. Erstellen Sie sich einen Desktop-Hintergrund auf Ihrem PC. Auch Visionstafeln, im englischen »Visionboards« genannt, können helfen, die eigenen Ziele zu veranschaulichen. Je öfter Sie täglich an Ihre Ziele erinnert werden, und so Ihre Gedanken und Ihr Handeln darauf ausrichten, desto besser!

Die »To-do-Liste«

Nachdem Sie Ihre Zwischenziele festgelegt haben, geht es darum, konkrete Handlungsschritte zu erarbeiten, die praktisch umzusetzen sind. Erstellen Sie eine »To-do-Liste«, mit all dem, was Sie in der kommenden Woche zu erledigen haben, um Ihr nächstes Zwischenziel zu erreichen. Ich persönlich setze mich jeden Sonntagabend für einige Minuten an meinen Schreibtisch und schreibe mir eine Liste mit den

Aufgaben für die kommende Woche. Diese dienen dem Erreichen meiner nächsten Ziele – ich arbeite täglich an mindestens einer dieser Aufgaben. Am Ende der Woche ziehe ich ein kurzes Fazit und überprüfe, welche To-do's ich erledigt oder erst zum Teil umgesetzt habe. Falls ich einen Punkt noch nicht geschafft haben sollte, übertrage ich ihn in die Aufgabenliste der nächsten Woche.

Nehmen Sie diese To-do-Liste überallhin mit oder platzieren Sie sie an einem Ort, an dem sie Ihnen häufig unter die Augen kommt. Entscheidend ist, dass Sie durch das regelmäßige Erfüllen von Aufgaben täglich für das Erreichen Ihrer Ziele arbeiten und so Schritt für Schritt dem Fernziel näher kommen. Sie werden merken, dass sich auch das größte Ziel mit konstantem Draufzugehen erreichen lässt. Jeder noch so kleine Schritt zählt. Wenn Sie am Ende eines Jahres täglich ein bisschen weitergekommen sind, haben Sie 365 kleine Schritte gemacht – und das ist ein beachtliches Stück des Weges!

Halten Sie alles schriftlich fest!

Ein wichtiger Rat, den ich Ihnen im Hinblick auf die Definition Ihrer Ziele und To-do's geben möchte, ist: Erledigen Sie alles schriftlich! Es reicht nicht, seine Ziele und die zu erledigenden Aufgaben im Kopf zu haben. Schriftlich Niedergelegtes hat eine viel stärkere Wirkung. Die Bequemlichkeit sagt vielleicht: »Na ja, dieses eine Mal muss ich mir nicht alles aufschreiben.« Wenn Sie es nicht tun, werden Sie keinen Erfolg haben! Wenn Sie schon zu bequem sind, einen Stift in die Hand zu nehmen, um Ihre Ziele und Aufgaben zu notieren, dann werden Sie die nötige Disziplin im Hinblick auf das Erreichen Ihrer Ziele nicht aufbringen.

Als bequemer Mensch haben Sie die Wahl: Entweder Sie bezwingen Ihre Faulheit und verspüren am Anfang eine gewisse Form der Überwindung. Oder Sie geben Ihrer Trägheit nach und leiden unter den Folgen der Erfolglosigkeit und des Wissens, dass Sie es eigentlich besser machen könnten. Das Wunderbare beim Überwindungsschmerz ist: Er ist nur von kurzer Dauer! Wenn Sie wirklich begonnen haben und der Prozess dann am Laufen ist, fällt es Ihnen plötzlich ganz leicht, und ein großes Gefühl der Freude und des Stolzes wird sich in Ihnen ausbreiten. Es ist ein tolles Gefühl, die eigene Faulheit besiegt zu haben! Der Schmerz des schlechten Gewissens hingegen ist von langanhaltender Dauer. Sie spüren ihn, solange Sie sich Ihrer Faulheit beugen, und während Sie faul sind, wird Sie Ihre Unzufriedenheit auch noch daran hindern, das Faulsein genießen zu können. Entscheiden Sie selbst, welchen Weg Sie gehen wollen.

Keine Angst vor großen Zielen

Trauen Sie sich, sich ab sofort Ziele zu setzen. Ich habe oft Menschen erlebt, denen die Wichtigkeit von Zielsetzungen zwar klar vor Augen stand, die aber Angst davor hatten. Denn wer sich Ziele setzt, muss sich an ihnen messen lassen und kann scheitern. Die Angst zu scheitern lähmt viele Menschen. **Scheitern Sie ruhig mal!**

Was spielt es für eine Rolle, ob Sie all Ihre Ziele sofort

erreichen oder nicht? Niemand schafft das. Misserfolge gehören zum Leben dazu – somit dürfen auch Sie das ein oder andere Ziel nicht erreichen. Was passiert, wenn es so ist? Sie akzeptieren es, setzen sich ein neues Ziel und gehen mit hundertprozentiger Entschlossenheit darauf zu. Wer sich Ziele setzt, kann auch mal scheitern, doch wer sich keine Ziele setzt, scheitert immer. Es geht darum, dass Sie persönlich als Mensch wachsen. Sie wachsen nicht durch das Erreichen des Ziels, sondern durch das Gehen auf dem Weg zum Ziel! Seien Sie mutig und gehen Sie los!

Das Gesetz der Zielsetzung in Kürze:

- Wer sich keine Ziele setzt, kommt nirgendwo an.
- Der Hauptgrund, warum Menschen ihre Ziele nicht erreichen, ist Bequemlichkeit.
- Zielsetzungen müssen richtig formuliert sein, da sie sonst das Gegenteil der eigentlichen Absicht bewirken können.
- Eigenschaften optimal gewählter Ziele: motivierend, erreichbar, individuell, messbar, zeitlich fixiert, visionär, positiv formuliert.
- Eine perfekte Zielstruktur unterteilt man in verschiedene Zeiträume, wie z. B. Fernziele, Jahresziele, Monatsziele.
- Zur Umsetzung der Ziele sollte man sich eine konkrete To-do-Liste erstellen, an der man täglich arbeitet.

- Erstellen Sie Ihre Ziele und To-do-Listen immer schriftlich!
- Trauen Sie sich, zu scheitern und ein Ziel nicht zu erreichen. Rückschläge erlebt jeder. Bleiben Sie am Ball und arbeiten Sie weiterhin täglich für Ihre Ziele.

Was jetzt zu tun ist:

- Erstellen Sie sich schriftlich Ihre Zielstruktur vom Fernziel bis zum Monatsziel. Beachten Sie dabei die sieben Punkte zur richtigen Formulierung!
- Erstellen Sie schriftlich eine To-do-Liste mit mindestens vier bis fünf Aufgaben, die Sie nächste Woche erledigen, um näher an Ihr Ziel zu kommen.
- Arbeiten Sie jede Woche mit einer neuen To-do-Liste und überprüfen Sie, ob Sie Ihr erstes Zwischenziel am Monatsende erreicht haben.

6. Das Gesetz der Gedankenkraft

Erfolg beginnt im Kopf – Gedanken erschaffen Realität

Gedanken sind Energie. Das ist kein esoterischer Hokuspokus oder Kaffeesatzleserei. Forschung und Wissenschaft sind inzwischen auf einem Stand, der dies ganz klar belegt. Es ist wichtig, den wissenschaftlichen Hintergrund dieser Tatsache kurz darzustellen.

Gedanken sind für den Menschen eine Art unsichtbares Hyper-Licht, also Elektronen ohne materiellen Mantel, der ihre Schwingungsrate mindern könnte. Es handelt sich um elektronische Licht-Energie, deren Energie-Quanten sich mit beliebiger Über-Lichtgeschwindigkeit bewegen.

Verlangsamt man Gedanken und spannt sie wie in einem Transformator herunter, erhält man normales, für Menschen sichtbares Licht. Dieses Licht besteht aus Elektronen mit materiellem Mantel, aber ohne eine elektrische Ladung, was deren Schwingungsrate reduziert und sie auf Lichtgeschwindigkeit begrenzt. Der wissenschaftliche Begriff hierfür lautet Photonen. Verlangsamt man »normales« Licht weiter, erleidet es eine Verzerrung und Spaltung. Man erhält Elektrizität, d.h. Elektronen mit materiellem Mantel sowie elektrischer Ladung. Es entsteht eine Aufspaltung in negative und positive Ladungsträger (Elektronen und Positronen). Verlangsamt man Elektrizität, gerinnen die Ladungsträger in Formen, d.h. als positiv und negativ geladene Teilchen in »Partikeln« der Materie, wobei das Elektron immer noch unteilbarer Kern aller Teilchen ist, wenn auch mit stark begrenzter Schwingungsrate.

Die Essenz, die sich daraus ergibt: Gedanken sind Energie, und Energie wird zu Materie.

Gedanken materialisieren sich

Wenn Sie einen Gedanken denken, hat diese Energieform den Drang, sich zu materialisieren. Im Physikunterricht haben wir gelernt, dass Energie nicht verloren gehen kann. Für unsere Gedankenenergie bedeutet das, dass auch sie nie verloren geht und bei nächster Gelegenheit versucht, sich als Materie zu manifestieren. Dies kann auf unterschiedlichste Art und Weise geschehen, wie z.B. in Form von Geld, Begegnungen mit anderen Menschen oder einem Unfall. Folgendes Beispiel kennen Sie sicherlich: Sie denken an einen Bekannten, und plötzlich ruft Sie diese Person fast zeitgleich an. Auch Blicke von anderen Menschen, die uns von hinten anstarren, spürt man.

Wir nehmen Gedankenenergie also auf verschiedenen Ebenen wahr. Elektrische Gedankenimpulse haben eine magnetische Wirkung. Ihre vorherrschenden Gedanken ziehen somit Dinge und Ereignisse wie ein Magnet in Ihr Leben. Natürlich reicht es nicht aus, wenn ein einziger Gedanke an eine bestimmte Sache gedacht wird, um eine sichtbare Wirkung zu erzielen. Wissenschaftlichen Forschungen zufolge denkt jeder Mensch durchschnittlich 60 000 Gedanken pro Tag. Das sind 420 000 Gedanken in der Woche! Beantworten Sie folgende Frage ganz ehrlich: Wenn Sie Ihre Gedanken in die drei Kategorien positiv, neutral und negativ einteilen – wie viel Prozent fallen in den Bereich »negativ«?

Ich habe diese Frage schon vielen Menschen gestellt, und ich bekam immer ähnliche Antworten. »In meinem Job und zu Hause muss ich mich so oft ärgern, da kommen schon einige negative Gedanken zusammen.« Oder: »Wenn Sie mit meinem Mann verheiratet wären, hätten Sie auch nicht viel Positives zu denken.« Die meisten gaben an, zu mindestens 50 Prozent negative Gedanken zu haben, einige sogar 80–90 Prozent, was bei einem unzufriedenen und erfolglosen Leben durchaus nachzuvollziehen ist.

Nun machen Sie sich Folgendes bewusst: Wenn Sie nur 30 Prozent negative Gedanken aussenden würden, wären das pro Woche immerhin noch über 120 000! Können Sie sich vorstellen, dass es wegen der Macht der Wiederholung durchaus eine realitätsverändernde Wirkung hat, wenn Sie über Wochen und Monate eine derartig große Anzahl an unguten elektrischen Impulsen ausstrahlen? Wenn Sie diese Tatsache nicht komplett verdrängen, können Sie sich das selbstverständlich vorstellen, denn Sie erleben es bereits am eigenen Leibe – im positiven wie im negativen Sinne. Ihre Gedanken werden zu Ihrer Realität!

Positive Gedanken kennzeichnen Gewinner

Deshalb: Achten Sie auf Ihre Gedanken! Was Sie heute denken, werden Sie morgen tun und übermorgen sein. Vermeiden Sie negatives Denken in Bezug auf Ihren Job, Ihre Lebensumstände, andere Menschen und vor allem auch auf sich selbst. Wenn Sie hierbei Fortschritte erzielen, wird sich Ihr Leben zum Positiven verändern. Die Fähigkeit, überwiegend positive Gedanken nach außen zu senden und Negatives zu vermeiden, ist eine der zentralen Eigenschaften aller Gewinner-Typen.

Nehmen Sie z. B. Barack Obama, Jürgen Klinsmann, Franz Beckenbauer, Bill Gates, Roger Federer, Günther Jauch, Heidi Klum oder Paul McCartney. All diese Personen sind auch deswegen so erfolgreich, weil sie mit viel positiver Energie ausgestattet sind und dies auch ausstrahlen. Natürlich denkt jeder auch negative Gedanken. Entscheidend ist aber, dass Sie die Quote Ihrer positiven Gedanken im Vergleich zu den negativen drastisch erhöhen. Geben Sie Ihr Bestes dafür!

Schützen Sie sich vor negativen Gedanken!

Dazu gehört auch, dass Sie sich mit möglichst viel Positivem umgeben und beschäftigen. Wenn wir heutzutage den Fernseher anschalten, sehen wir in Filmen und Nachrichten zum überwiegenden Teil Kriege, Kämpfe, Morde, Krawalle, Katastrophen usw. Im Radio das Gleiche. Von zehn Meldungen handeln mindestens acht von Selbstmordanschlägen, Naturkatastrophen, Wirtschaftskrisen, innen- wie außenpolitischen Konflikten.

Informationen sind wichtig, aber Sie müssen sich damit nicht x-mal am Tag selbst bombardieren. Wir werden von den Medien mit diesen Horrormeldungen überflutet, da sich damit am besten Geld verdienen lässt. Wie sollen Sie sich gut fühlen, positive Gedanken haben und andere Menschen begeistern können, wenn Sie bis zum Mittag durch TV, Radio oder Zeitung bereits 30 Katastrophennachrichten erfahren haben? Kein Wunder, dass es so viele Pessimisten gibt!

Stellen Sie sich vor, wie sich die Stimmung in unserer Gesellschaft verändern würde, wenn wir in der Berichterstattung 90 Prozent positive Meldungen zu hören bekämen! Vielleicht würden viele Menschen dann aus ihrer destruktiven Wahrnehmung und Weltanschauung aufwachen und mit mehr Freude durchs Leben gehen. Umgeben Sie sich hauptsächlich mit Menschen und Dingen, die Ihnen guttun. Alles andere ist für Ihr Wohlbefinden und Ihren Erfolg kontraproduktiv.

Positives Denken

Dass positive Gedanken eine essenzielle Voraussetzung für Erfolg sind und die Gedankenkraft einen mächtigen Einfluss auf unser Leben hat, dessen waren sich die Menschen schon vor vielen Jahren bewusst. Der Unternehmer Henry Ford meinte: »Eine Sache entwickelt sich von selbst, wenn man dauernd an sie denkt.« Der Schriftsteller Mark Twain formulierte es so: »Das, was jemand von sich aus denkt, bestimmt sein Schicksal.« Der Theologe Martin Luther King schrieb: »Du bist heute das, was du gestern gedacht hast.« In den Philosophien der fernöstlichen Länder hat das Wissen über diese Tatsache ebenfalls seit Langem einen zentralen Stellenwert. In einer alten chinesischen Weisheit heißt es: »Achte auf deine Gedanken! Sie sind der Anfang deiner

Taten.« In Indien gibt es den Spruch: »Der Mensch bringt täglich sein Haar in Ordnung, warum nicht auch seine Gedanken?«

Wie Sie sehen, ist das Wissen über die enorme Macht der Gedanken sehr alt. Die Frage ist: Wie gelingt es mir, möglichst positiv zu denken? Hier einige konkrete Maßnahmen, die Ihnen diesbezüglich weiterhelfen werden.

Zunächst einmal: Sie können nicht jeden einzelnen Gedanken kontrollieren. Nutzen Sie Ihre Gefühle. Wenn Sie sich gut fühlen, werden Sie überwiegend positive Gedanken aussenden. Fühlen Sie sich dagegen schlecht, geschieht das Gegenteil. Achten Sie darauf, dass Sie sich, so oft es geht, wohlfühlen, da dies die Basis für eine gesunde Gedankenlandschaft ist. Wenn Sie regelmäßig für Ihr Wohl sorgen, brauchen Sie sich um Ihre Gedanken keine Sorgen machen.

Der zweite Punkt hat mit Aufmerksamkeit zu tun. Seien sie achtsam, was in Ihrem Kopf vor sich geht. Wenn Sie über Ihre Mitmenschen lästern, sich aufregen, schimpfen, jammern oder jemanden verfluchen, tun Sie sich selbst nichts Gutes. Erstens führt das Ganze zu keiner zufriedenstellenden Lösung, und zweitens erhalten Sie alles, was Sie aussenden, nach dem Gesetz der Anziehung wieder in gleichem Maße zurück. Wenn Sie also wieder mal gedanklich Ihr Gift verspritzen, halten Sie inne und korrigieren Sie Ihr Handeln. Das gelingt anfangs nicht immer, aber wenn Sie Ihr Bestes geben, werden Sie es immer öfter schaffen.

Als Drittes empfiehlt sich eine mentale Gedankenkur am Ende jedes Tages. Nutzen Sie die letzten Minuten vor dem

Einschlafen dazu, um den abgelaufenen Tag in Gedanken Revue passieren zu lassen. Analysieren Sie, was gut und was weniger gut gelaufen ist. Wenn Sie auf etwas stoßen, das Sie im Nachhinein anders machen würden, stellen Sie sich diese Situation so lebhaft wie möglich vor und lassen Sie sie in Ihrer Vorstellung so geschehen, wie es aus Ihrer Sicht optimal gewesen wäre. Danach richten Sie Ihren Blick auf den kommenden Tag und überlegen, was auf dem Programm steht. Gehen Sie in Ihrer Vorstellung auch diesen Tag gedanklich durch und lassen Sie vor Ihrem geistigen Auge alles optimal ablaufen. Stellen Sie sich den Tag in allen Eindrücken und Gefühlen so erfolgreich und angenehm wie möglich vor. Mittels dieser mentalen Psychohygiene bereinigen Sie Altes auf der geistigen Ebene und schaffen durch die positive Energie, die Sie bereits jetzt dafür bereitgestellt haben, Raum für Erfolg am kommenden Tag.

Viertens sollten Sie sich mit Entspannungs- und Visualisierungstechniken beschäftigen. Belegen Sie Kurse oder lesen Sie Bücher, durch die Sie lernen, sich richtig zu entspannen, und kreative Imaginationstechniken kennenlernen, um Ihre bildliche Vorstellungskraft zu steigern. Arbeiten Sie bei dieser Form des Mentaltrainings auch mit Affirmationen, mit deren Hilfe Sie neue Glaubensmuster in Ihrem Unterbewusstsein verankern können. Solche Affirmationen könnten z. B. sein: »Ich bin gesund und glücklich«, »Ich verdiene es, erfolgreich zu sein, und bin ein Magnet für Erfolg.«, »Ich liebe die Nähe zu anderen Menschen.«, »Ich biete ausgezeichnete Arbeit für ausgezeichnetes Geld.« usw.

Durch derartige Visualisierungs- und Affirmationstechniken können Sie gezielt alte Strukturen überschreiben. Dies wird Sie dabei unterstützen, die Quote Ihrer positiven Gedanken nachhaltig zu verbessern. Denken Sie immer daran: **Verlierer denken in Problemen. Gewinner denken in Chancen!**

Das Gesetz der Gedankenkraft in Kürze:

- Gedanken sind messbare, elektromagnetische Energieströme.
- Gedanken ziehen Menschen, Dinge und Umstände magnetisch in Ihr Leben.
- Was Sie denken, wird zu Ihrer eigenen Realität.
- Über Ihre Gefühle können Sie kontrollieren, ob Sie überwiegend positiv oder negativ denken.
- Negative Meldungen von außen verursachen negative Gedanken.
- Gedanken kehren zu ihrem Absender zurück.
- Sie können Ihre Vergangenheit gedanklich bereinigen und Ihre Zukunft positiv programmieren.
- Entspannungs- und Visualisierungstechniken helfen Ihnen, mit Gedanken schöpferisch arbeiten zu können.

Was jetzt zu tun ist:

- Lernen Sie Entspannungs- und Visualisierungstechniken.

- Seien Sie offen und freundlich zu Ihren Mitmenschen.
- Verzichten Sie auf negative Urteile. Sehen Sie in jedem Menschen und jeder Situation das Gute.
- Beenden Sie das Lästern, Schimpfen und Jammern über andere Menschen und Ihr eigenes Leben!
- Führen Sie täglich fünf bis zehn Minuten vor dem Einschlafen eine Gedankenhygiene durch. Bereinigen Sie den vergangenen Tag und programmieren Sie in Gedanken und Gefühlen Ihren zukünftigen Erfolg.

7. Das Gesetz des Selbstvertrauens

Würden Sie auf sich selbst wetten?

Eine bezeichnende Eigenschaft von erfolgreichen Gewinner-Typen ist ein großes Maß an Selbstsicherheit und Selbstvertrauen. Das Vertrauen in die eigenen Stärken und das damit einhergehende Selbstbewusstsein wird oftmals als Arroganz missverstanden. Dabei haben Menschen, die tatsächlich arrogant und somit scheinbar selbstsicher auftreten, nicht besonders viel Selbstvertrauen.

Jemand, der immer nur von seinen Stärken redet, hat in Wirklichkeit die innere Stärke eines Wurms. Wirklich selbstbewusste Menschen müssen sich damit nicht brüsten – man merkt es ihrem Auftreten und Handeln an. Die deutsche Tennislegende Boris Becker symbolisierte den Faktor Selbstvertrauen in seiner Zeit als Profi wie kaum ein Zweiter. Mit seiner Präsenz erfüllte er ganze Stadien. Wenn er auf dem Platz stand, zog er die Aufmerksamkeit auf sich und brachte seine Gegner durch den unerschütterlichen Glauben an sich selbst und die eigenen Stärken häufig zum Verzweifeln. Auch wenn der Spielstand während eines Matches für ihn aussichtslos schien, hatte er die innere Ruhe und Sicherheit, das Spiel dank seiner herausragenden Fähigkeiten zu seinen Gunsten entscheiden zu können. Becker musste keinem Menschen erzählen, dass er selbstbewusst war. Durch sein Auftreten und Wirken offenbarte er diese markanten Eigenschaften besser als er es durch Worte hätte tun können.

Glauben Sie an sich!

Wenn Sie im Leben Erfolg haben wollen und sich dementsprechend Ziele setzen, ist Ihr **Glaube** daran absolut entscheidend. Weniger der Glaube an die realistische Einschätzung Ihrer Zielsetzungen als vielmehr **der Glaube an sich selbst**, dass Sie es sich zutrauen, diese Ziele zu erreichen. Sie können sich Ziele setzen, Wissen anhäufen, sich beraten lassen und von den Branchenbesten lernen, so viel Sie wollen – wenn Sie nicht an sich als Gewinner-Typen glauben, ist alles zwecklos. Selbstbewusstsein bedeutet, sich darüber bewusst zu sein, wer Sie selbst sind. Sie sind ein Gewinner! Das glauben Sie mir nicht? Dann werde ich Ihnen auf die Sprünge helfen.

Können Sie sich noch an den Moment Ihrer Zeugung erinnern? Dabei gingen ca. 300 Millionen Samenzellen an den Start. Eine davon waren Sie. Was für eine Konkurrenz! Dieses war nicht einfach nur ein Spiel – es ging um Ihr Leben. Es war von vornherein klar, dass nur eine einzige Samenzelle das Rennen gewinnen wird, während 299 999 999 andere ihre Niederlage mit dem Tod bezahlen mussten. Hätten Sie bei einem Wettanbieter auf Ihren Sieg setzen können, wäre die Quote für den Erfolgsfall in überschaubarer Höhe gewesen. Doch Sie haben gewonnen! Was für eine Leistung! Die theoretische Wahrscheinlichkeit dafür war unglaublich gering. Die Chance, einen Sechser im Lotto zu gewinnen, liegt bei 1 zu 15,54 Millionen, mit Zusatzzahl bei 1 zu 139,8 Millionen. Die Wahrscheinlichkeit, zweimal im Leben einen Sechser mit Zusatzzahl zu haben, ist noch deutlich höher, als diesen tödlichen Wettlauf zu gewinnen. Für diese Leistung könnten Sie sich selbst auf die Schulter klopfen.

Dieses Beispiel soll Ihnen vor Augen führen, dass Sie schon als Gewinner auf die Welt gekommen sind. Das Gewinner-Gen steckt in Ihnen, sonst wären Sie doch gar nicht da! Ein Verlierer hätte das alles niemals überlebt.

Listen Sie Ihre Erfolge auf!

Blicken Sie jetzt auf Ihr bisheriges Leben zurück und nehmen Sie sich ein leeres Blatt Papier zur Hand. Lassen Sie sich Zeit. Notieren Sie alles, was Sie bisher erreicht haben. Wenn Sie ehrlich zu sich selbst sind, werden Ihnen nach und nach ganz viele Dinge einfallen. Wie steht es z.B. mit Ihrer Führerscheinprüfung, dem Schulabschluss, gewonnenen sportlichen Wettkämpfen, erfolgreich begonnenen oder beendeten Beziehungen, Ausbildungs- oder Arbeitsplätzen? Haben Sie in der Schule eine gute Note geschrieben? Konnten Sie etwas unter Beweis stellen, woraufhin andere festgestellt haben: »Wow, ich wusste gar nicht, dass du das kannst.« Haben Sie ein Lob für eine tolle Leistung, einen beachtlichen menschlichen Zug oder Ihr vorteilhaftes Aussehen bekommen?

Sie können sicherlich die meisten, wenn nicht sogar alle Fragen, mit einem »Ja!« beantworten. Was sagt Ihnen das? Sie sind ein Gewinner-Typ und haben schon unzählige Dinge in Ihrem Leben gut gemacht! Und es kommen täglich neue hinzu! Sie machen es sich nur nicht immer bewusst.

Ich gebe Ihnen ein Beispiel, das diese Denkweise verdeutlicht. Sehen Sie sich für ca. 30 Sekunden die folgenden vier Gleichungen an:

$$1+1=2; \ 1+2=3; \ 2+2=5; \ 3+3=6$$

Was fällt Ihnen auf? Richtig. Die dritte Gleichung ist falsch. $2+2$ ergibt natürlich 4. Aber warum sagen Sie, dass die dritte Gleichung falsch ist, anstatt: »Die erste, die zweite und die vierte Gleichung stimmt.« Weil Sie dazu erzogen wurden, auf Fehler zu schauen! Ihre Erkenntnis bezüglich des Fehlers in der dritten Gleichung ist nicht falsch. Doch Ihre Antwort ist nicht komplett. Meine Frage war: »Was fällt Ihnen an diesen vier Gleichungen auf?« Die vollständige Antwort wäre: »Die erste, zweite und vierte Gleichung ist richtig, die dritte falsch.«

Ich kann Sie beruhigen. Ihre Antwort gleicht zu 100 Prozent den Antworten aller Menschen, denen ich diese Frage bisher gestellt habe, inklusive meiner eigenen, als ich die Aufgabe zum ersten Mal sah. Die Erklärung liegt auf der Hand. Schon von klein auf wird unsere Aufmerksamkeit auf das Fehlende, Falsche und Negative gerichtet. Bereits in der Schule geht es darum, keine falschen Ergebnisse zu produzieren. Man wird nach der Anzahl falscher Antworten benotet. Auch im Sport wird Kindern von Beginn an eingetrichtert, dass sie erstmal keine Fehler machen sollen. Es werden vorrangig Schwächen trainiert, und es wird versucht, diese »auszumerzen«.

Als ich einmal mit einem richtig guten Jahreszeugnis nach Hause kam, zeigte ich es meiner Großmutter. Im Zeugnis standen lauter Einser, Zweier und ein einziger Dreier. Sie sagte*:* »Den Dreier in Erdkunde hätte es aber nicht gebraucht.« Diese und ähnliche Erfahrungen macht ein Mensch im Laufe seines Lebens ständig. Andauernd hört er Sätze wie: »Tu das nicht.«, »Mach das besser.«, »Pass auf und mach das nicht kaputt.«, »Das geht nicht.« oder »Das kannst du nicht.« Unsere Wahrnehmung ist durch die Gesellschaft, in der wir leben, auf Fehler, Probleme und Hindernisse fixiert.

Ich möchte die Fehler und falschen Dinge in unseren Leben nicht wegdiskutieren. Positiv denken heißt nicht, Negatives zu verdrängen. Es bedeutet vielmehr, den Blick auf das Ganze zu richten und auch das Gute zu sehen. Meine Drei in Erdkunde hätte es wirklich nicht gebraucht. Doch alles in allem hatte ich viele gute Noten, sodass man hätte sagen können: »Respekt, da hast du dich aber im Vergleich zum Vorjahr erheblich verbessert.«

Seien Sie fair zu sich selbst! Schauen Sie nicht nur auf Ihre Fehler und Schwächen, sondern fokussieren Sie Ihre Stärken. Können Sie auf Anhieb in einer Minute zehn Stärken von sich aufzählen? Viele Menschen kennen ihre Stärken und positiven Seiten nicht, da sie sich nur mit den Schwächen und negativen Dingen beschäftigen. Ein wichtiger Grundsatz für Sie lautet: **Stärken Sie Ihre Stärken und managen Sie Ihre Schwächen!**

Ihre Stärken müssen Sie sich klarmachen und dann so gut wie möglich weiterentwickeln. Ihre Schwächen sollten

Sie so im Griff haben, dass Sie keinen allzu starken Einfluss auf das Gesamte haben. In erster Linie sollten Sie Ihre Energie aber auf Ihre Stärken konzentrieren.

Zwei Beispiele: Oliver Kahn und Rafael Nadal

Stellen Sie sich vor, man hätte den Torhüter Oliver Kahn in seiner Jugend aufgrund seiner fußballtechnischen Defizite jahrelang in diesem Bereich trainiert und zugleich das Torwarttraining zurückgestellt, darin war er ja schon von Beginn an gut. Was wäre wohl aus dem späteren Welttorhüter geworden, wenn seine Trainer versucht hätten, ihm Passen, Flanken, Balltechnik etc. beizubringen anstatt seine hervorragenden Reflexe noch weiter zu verbessern? Ein fähiger Trainer arbeitet mit einem Sportler die individuellen Stärken heraus. Er macht sie ihm so lange bewusst, bis der Sportler sie sogar nachts im Schlaf vor sich hinmurmelt. Kluge Trainer arbeiten in erster Linie an den Stärken ihrer Sportler, um ihnen sportliche Waffen an die Hand zu geben.

Glauben Sie, der spanische Tennis-Grundlinienspezialist Rafael Nadal trainiert täglich drei Stunden Serve-and-Volley, weil er in diesem Bereich Defizite hat? Man kann eine Schwäche so gut wie nie in eine Stärke verwandeln – und wenn, dann nur mit völlig unverhältnismäßigem Aufwand. Nadal ist einer der fittesten, schnellsten und aggressivsten Grundlinienspieler der Welt. Und genau daran arbeitet er mit seinen Coachs, obwohl er darin schon der Beste ist. Noch Fragen?

Wenn Sie Ihre Stärken kennen, bauen Sie automatisch

Selbstvertrauen auf. Die Gewissheit, bestimmte Dinge sehr gut zu können, verleiht Ihnen Selbstsicherheit und Energie. Zeigen Sie Ihre Selbstsicherheit und präsentieren Sie Ihre Stärken nach außen. Das hat mit Arroganz nichts zu tun. Schon in der Bibel steht: »Ihr sollt euer Licht nicht unter den Scheffel stellen.« Sie müssen niemanden mit Argumenten überzeugen – beweisen Sie es durch Ihr Handeln und Auftreten. Jemand, der Leistung vollbringt, muss nichts erklären.

Bei Menschen mit geringem Selbstbewusstsein ist die Angst zu versagen sehr hoch. Scheitern Sie ruhig mal! Was passiert schon? Wenn Sie eine Ablehnung erhalten oder einen Misserfolg erleben, nehmen Sie es nicht persönlich. Versuchen Sie es wieder und steigern Sie sich. Der Unterschied zwischen Gewinnern und Verlierern ist nicht die Anzahl der Misserfolge. Gewinner hören nur niemals auf, für ihr Ziel zu arbeiten.

Ihre Angst bezwingen können Sie nur, wenn Sie sich ihr stellen. Durchbrechen Sie die Angst. Egal, ob Sie zu Beginn positive oder negative Ergebnisse erzielen: Ihre innere Blockade wird sich verringern, was Sie automatisch näher an den gewünschten Erfolg heranbringen wird.

Sammeln Sie auch mal Abfuhren!

Ich betreute als Coach vor Längerem einen jungen Mann. Er war ein freundlicher, angenehmer Mensch, sah gut aus und konnte sich gut ausdrücken. Er war beruflich erfolgreich und in diesem Bereich auch sehr selbstbewusst. Das

Thema »Frauen« hingegen bereitete ihm großes Kopfzerbrechen. Sein Problem war, dass er keine Frauen kennenlernte, da er sich nicht traute, sie anzusprechen. Am Tag unseres Treffens wollte er abends ausgehen. Ich sagte ihm, dass er an diesem Abend Abfuhren sammeln müsste. Er sollte Frauen ansprechen und versuchen, sie kennenzulernen, durfte aber erst nach Hause gehen, wenn er mindestens zehn Körbe bekommen hätte.

Am Tag danach rief ich ihn an. Er berichtete mir in begeistertem Tonfall, dass er erst um halb vier Uhr morgens heimgekommen war, zehn Abfuhren und außerdem auch zwei Telefonnummern von Frauen gesammelt hatte. Ein halbes Jahr später traf ich ihn erneut. Er meinte: »Das mit den zehn Körben musste ich vor einiger Zeit aufhören. Ich schaffe es nicht mehr, zehn Abfuhren pro Abend zu sammeln, denn durch das Tanzen und Reden mit den angesprochenen Frauen komme ich gar nicht mehr dazu.«

Seien Sie mutig, stellen Sie sich Ihren Ängsten und machen Sie sich Ihre Stärken bewusst. Das Positive in Ihrem Leben und Ihre Talente überwiegen gegenüber dem Negativen bei Weitem. Sie müssen nur die Augen aufmachen und sich selbst als denjenigen erkennen, der Sie schon immer waren: ein Gewinner!

Das Gesetz des Selbstvertrauens in Kürze:

- Ohne den Glauben an sich selbst ist Erfolg unmöglich.
- Sie können nur erreichen, was Sie sich selbst zutrauen.
- Sie dürfen sich selbst vieles zutrauen, denn Sie sind als Gewinner auf die Welt gekommen!
- In unserer Gesellschaft wird primär auf Fehler und Probleme geschaut. Dabei werden Chancen und Erfolge schnell übersehen oder vergessen.
- Die positiven Dinge in Ihrem Leben überflügeln bei Weitem alles Negative.
- Um selbstbewusst sein zu können, müssen Sie Ihre Stärken kennen.
- Stärken Sie Ihre Stärken und managen Sie Ihre Schwächen.
- Haben Sie den Mut, zu scheitern! Erfolgreiche Menschen erfahren nicht weniger Misserfolge als erfolglose.
- Angst überwindet man, indem man sich ihr stellt.

Was jetzt zu tun ist:

- Nehmen Sie ein Blatt Papier zur Hand und schreiben Sie alles auf, was Sie in Ihrem Leben geschafft haben. Aktualisieren Sie diese Liste täglich.
- Denken Sie über Ihre Stärken nach und notieren Sie sie. Wenn Ihnen nichts mehr einfällt, fragen Sie Ihre

Bekannten danach. Machen Sie sich täglich, am besten schon morgens, Ihre Stärken bewusst!

- Überwinden Sie Ihre Ängste! Stellen Sie sich noch diese Woche einer ganz bestimmten Angst, die Sie haben. Tun Sie öfter das, wovor Sie am meisten Angst haben. Alleine die Überwindung, es zu tun, wird Ihnen helfen!

8. Das Gesetz des Loslassens

Alles, was Sie festhalten, hat Sie im Griff

Eine der größten Aufgaben im Leben eines Menschen ist das Loslassen. Jeder von uns muss im Laufe der Zeit Dinge, Gewohnheiten und vor allem Menschen loslassen. Eltern müssen irgendwann ihre Kinder gehen lassen, genauso wie Kinder ihre Eltern. Grundsätzlich muss alles in unserem Leben früher oder später losgelassen werden, sogar das Leben selbst. Es handelt sich hierbei um einen natürlichen Prozess, der in der Natur fest verankert ist. Es ist eine zentrale Aufgabe für jeden von uns, das Loslassen bewusst zu trainieren bzw. zu lernen.

Das Problem mit den Gefühlen

Besonders wegen der emotionalen Verflechtungen wird dieser Prozess für die meisten Menschen zu einer echten Lebensaufgabe. Oftmals glauben wir, Menschen und Dinge buchstäblich zu besitzen, was übrigens auch die Ursache aller Eifersucht ist. Nicht wenige verweigern sich der Herausforderung des Loslassens und klammern sich jahrelang an etwas, von dem es schon lange Abschied zu nehmen gilt. Kennen Sie solche Menschen? Vielleicht sind Sie selbst einer davon und wollen es sich nur nicht eingestehen. Wenn das so ist, nutzen Sie jetzt die Gelegenheit, ehrlich zu sich selbst zu sein und die Aufgabe anzunehmen.

Eins muss Ihnen klar sein: Sie können vor dem Thema Loslassen nicht davonlaufen. Sie können sich zwar weigern, rebellieren, wegschauen oder sich festbeißen, doch die Aufgabe werden Sie deswegen nicht los. Egal, vor was auch immer Sie weglaufen, es wird Sie über kurz oder lang wieder einholen. Entweder Sie nehmen die Aufgabe an und sind bereit, das Loslassen zu lernen. Die andere Möglichkeit ist, Sie rennen weiter vor der anstehenden Thematik davon. Helfen wird es Ihnen allerdings nichts, denn das Leben wiederholt alle Aufgaben so lange, bis sie gelöst sind. Dagegen wiederholt das Leben keine Aufgabe, die Sie bereits gelöst haben. Für welche der beiden Möglichkeiten entscheiden Sie sich? Ein Tipp: Die zweite Variante ist sehr viel schmerzvoller als die erste.

Altes loslassen und Neues bekommen

Sie wollen doch mehr Erfolg im Leben? Dann machen Sie sich eines bewusst: Bevor Sie sich ein erfolgreiches Leben erschaffen können, müssen Sie erst alles Alte loslassen. Das gilt für Menschen, die nicht mehr zu Ihnen passen, wie für alte Denkweisen und Glaubenssätze. Auch Ihre bisherigen Gewohnheiten müssen Sie auf den Prüfstand stellen und sich ernsthaft überlegen, ob diese Ihrem Erfolg dienlich sind oder nicht.

Erfolg kann sich erst einstellen, wenn alle alten Erfolgsverhinderer der Vergangenheit angehören. Wenn Sie neue Kleidung tragen wollen, müssen Sie sich zuerst der alten entledigen. Beim Erfolg ist das genauso – dies ist das Lebensprinzip des Stoffwechsels. Wir saugen Sauerstoff, Licht und Nahrungsmittel in uns auf und scheiden alle verbrauchten Stoffe wieder aus. Wenn das Ausscheiden nicht funktioniert, legt unser Körper Fettdepots und Schlacken an, was das Verdauungs- und Kreislaufsystem stört. Achten Sie also nicht nur auf Ihr körperliches, sondern auch auf Ihr psychisches Gleichgewicht.

Loslassen bedeutet »Ausmisten«

Loslassen kann man auf verschiedene Weise: Manchmal muss man Situationen, Gewohnheiten oder Beziehungen auflösen, löschen oder beenden. Bestimmte Personen sollten Sie aus Ihrem Leben entlassen, wenn Ihnen diese nicht guttun und den angestrebten Erfolg verhindern.

Loslassen im Leben kann man mit dem Oberbegriff »Ausmisten« überschreiben. Misten Sie Ihr Leben von Grund auf aus und werfen Sie auf materieller sowie geistiger Ebene alles weg, was nicht mehr zu Ihnen als Gewinner passt. Vielen Menschen fällt es am leichtesten, innerhalb der eigenen vier Wände mit dem Ausmisten anzufangen. Machen Sie zu Hause »klar Schiff« und entsorgen Sie alles, was Sie nicht mehr brauchen oder wollen. Räumen Sie auf und werfen Sie alte Bücher, Fotos und sonstige Gegenstände in einen Müllsack. Sie werden spüren, wie gut Ihnen das tut, denn loslassen befreit!

Besitz ist oftmals belastend, denn man sollte auf nichts im Leben sprichwörtlich »sitzen bleiben«. Neue Menschen, Dinge und Umstände treten ständig in unser Leben, und wir sollten die Zeit damit genießen, erfüllen und nutzen. Wenn die Zeit des Abschieds gekommen ist, müssen wir darauf vorbereitet sein – nichts ist von Dauer. Es geht im Leben nicht darum, etwas oder jemanden für immer zu besitzen, sondern darum, die gemeinsame Zeit bestmöglich auszukosten. Das ganze Leben ist ein Kommen und Gehen, ein Leben und Sterben, ein Nehmen und Geben, ein Halten und Loslassen. So ist die Natur.

Loslassen ist ein Prozess

Natürlich ist es nicht leicht, Altes loslassen zu können – schon gar nicht von heute auf morgen. Doch es ist gar nicht wichtig, dass Sie sofort loslassen können. Machen Sie den ersten Schritt und beginnen Sie, diesen Prozess zu lernen. Der entscheidende Punkt ist, dass Sie lernen, loslassen zu können und Ihr Leben trotz eines »Verlustes« erfolgreich zu gestalten. Die Unfähigkeit, loslassen zu können, habe ich in den vergangenen Jahren besonders oft in Unternehmen und Sportvereinen erlebt. Mitarbeiter und Führungskräfte krallen sich mit unglaublichem Kraftaufwand an Altem fest. Es wird an alten Systemen, Strukturen, Denkweisen und Abläufen wie auch an (Macht-)Positionen und Menschen festgehalten. Jeder merkt zwar, dass es ein Problem gibt, doch keiner traut sich, auszubrechen.

Wenn Sie ein Problem haben, müssen Sie sich davon lösen, um es beheben zu können. Ansonsten sind Sie selbst Teil des Problems!

Oft fragen mich Leute: »Woher weiß ich, was ich loslassen muss?« Die Antwort darauf ist erstaunlich simpel: »Alles, was Sie nicht glücklich macht und Ihnen nicht guttut, sollten Sie loslassen.« Dazu zählen beispielsweise berufliche Tätigkeiten, Verpflichtungen, ungesunde Angewohnheiten, eigene oder fremde Erwartungshaltungen sowie Energie raubende Personen.

Aber Achtung! Nicht alles, was Ihnen Mühe macht oder schwierig erscheint, ist negativ und muss automatisch beseitigt werden. Prüfen Sie sorgfältig, was gut, wichtig und wertvoll für Sie ist. Dazu können auch Menschen, Dinge und Umstände gehören, die Ihnen so manches abverlangen. Sehen Sie genau hin, welche wichtige Lernaufgabe für Sie sich hinter einer bestimmten Person oder Situation verbirgt.

Partnerschaften und Arbeitsverhältnisse beenden

Das Einzige, was meiner Meinung nach heutzutage zu schnell losgelassen wird, sind Beziehungen. Sobald der Partner eintönig und unbequem wird, beendet man das Verhältnis mehr oder weniger respektvoll. Dabei spiegelt der Partner bei Problemen lediglich die eigenen Aufgaben, die man noch nicht gelöst hat.

Natürlich gibt es auch Partnerschaften, die beendet werden sollten. Doch weil sich ein Partner an den anderen festklammert, passiert nichts, obwohl genau das der richtige Lösungsschritt wäre. Viele Menschen finden nur deswegen lange Zeit nicht den richtigen Partner, weil sie so lange mit dem falschen zusammen sind.

Das Gleiche gilt auch für die Beziehung zwischen Arbeitgeber und Mitarbeiter. Wenn ein Angestellter vorsätzlich dem Unternehmen schadet, ist es Zeit, einen Schlussstrich unter dieses Arbeitsverhältnis zu ziehen. Wenn Sie Firmenchef sind: Trauen Sie sich, auch unpopuläre Entscheidungen zu treffen, und beenden Sie derartige Arbeitsverhältnisse! Merken Sie sich eins: Schon ein einziges schwarzes Schaf in einer weißen Herde kann die Gemeinschaft über kurz oder lang spalten.

Das Ganze gilt auf der anderen Seite genauso für Arbeitnehmer. Viele Angestellte spüren im Herzen ganz genau, dass sie ohne Begeisterung und Freude ihre Aufgaben wie eine Maschine »abarbeiten« oder ihnen das bloße Betreten des Unternehmens Bauchschmerzen verursacht. Wenn Sie gemobbt oder nicht mit dem Respekt behandelt werden, den Sie verdienen, und Sie sich deshalb in Ihrem beruflichen Umfeld oder Ihrem Tätigkeitsbereich nicht wohlfühlen – warum tun Sie sich das dann noch an? Sie sollten sich keinesfalls damit abfinden, beruflich unzufrieden und unglücklich zu sein. Gewinner lieben ihren Beruf! Wenn Sie das klare Gefühl haben, dass Sie in ihrem momentanen Arbeitsverhältnis so nicht glücklich werden, dann ziehen Sie darunter einen Schlussstrich! Natürlich muss und kann das oftmals nicht von heute auf morgen geschehen, da viele Menschen finanziell nicht unabhängig sind. Doch es geht vielmehr um Ihre innere Entscheidung. Entscheiden Sie sich selbst dazu, das bisherige Arbeitsverhältnis innerhalb eines von Ihnen festgelegten Zeitraumes zu beenden und beginnen Sie, sofort nach Lösungen und Alternativen zu suchen.

Entsorgen Sie Ihr unbefriedigendes Arbeitsverhältnis so schnell wie möglich, denn auf diese Weise verschwenden Sie wöchentlich eine große Anzahl an Stunden Ihrer wertvollen Lebenszeit in einer Situation, die Sie weder glücklich noch erfolgreich macht.

Die Vergangenheit loslassen

Folgendes gilt es für Sie loszulassen: Gedanken an die Vergangenheit. Leben Sie im Jetzt! Lassen Sie Probleme los. Wenn Sie Menschen, Dinge und Umstände aus Ihrer problematischen Sichtweise entlassen, öffnen Sie der Lösung Tür und Tor. Lassen Sie Angst, Schuldgefühle, Erwartungen, Aggressionen, Minderwertigkeitsgefühle, Urteile, Leid, Mangel und Krankheit los. Hören Sie auf, sich über Kleinigkeiten zu ärgern, löschen Sie negative Glaubenssätze und vergeben Sie anderen Menschen!

Verabschieden Sie sich von der Vorstellung, dass Sie keinen Einfluss auf Ihr Leben haben. Das ist Unsinn! Was Sie säen, werden Sie ernten. Setzen Sie richtige Ursachen, dann kommen auch zuverlässig die dazugehörigen Ergebnisse. Es reicht allerdings nicht, wenn Sie sich das nur wünschen! Wollen Sie Erfolg oder nicht? Dann lassen Sie los!

Machen Sie sich klar, was Sie festhalten und weshalb. Warum sind Sie noch nicht bereit, dies oder jenes loszulassen? Welche Aufgabe steckt dahinter und wie könnten Sie sich davon befreien? Sagen Sie nie: »Es ist zu spät, um loszulassen.« Das ist es nicht! Sie können immer handeln!

Machen Sie eine Zeremonie aus dem Loslassen. Notieren

Sie das, was Sie hinter sich lassen wollen, auf ein Blatt Papier und zerschneiden Sie es in kleine Papierschnipsel. Werfen Sie diese aus dem Fenster. Sie können den Zettel auch anzünden und feierlich verbrennen.

Eines Tages wurde mir bewusst, dass nichts in meinem Leben für ewig sein würde. Alles, was ich zu besitzen meinte, jeden Menschen, den ich kannte und liebte, alles würde ich irgendwann verlieren bzw. loslassen müssen. Ich fühlte mich schrecklich und war todtraurig. Vielleicht können Sie sich in diese Gedanken und Gefühle hineinversetzen. Mittlerweile habe ich in diesem Zusammenhang etwas sehr Schönes erkannt: **Auf alles, was vergeht, folgt immer etwas Neues!**

Wenn Sie Ihre Gedanken und Ihr Handeln auf Erfolg ausrichten und sich innerlich mit Lebensfreude erfüllen, wird Ihnen das großes Glück beschert. Auch erfolgreiche Gewinner-Typen mussten lernen, loslassen zu können. Nichts festzuhalten und mit »Verlusten« umzugehen, ist eine essenzielle Gewinner-Eigenschaft, die es Ihnen ermöglicht, dauerhaft auf Ihrem Erfolgspfad zu bleiben. Fangen Sie noch heute damit an, loszulassen!

Das Gesetz des Loslassens in Kürze:

- Loslassen zu können ist eine der wichtigsten Aufgaben für einen Menschen.
- Alles in unserem Leben müssen wir früher oder später loslassen, ob wir wollen oder nicht.

- Sie sollten alles loslassen, was Ihrem Glück und Erfolg im Weg steht.
- Loslassen bedeutet nicht, sich Problemen und Schwierigkeiten zu entziehen. Prüfen Sie, was noch zu Ihnen gehört und was nicht. Was ist es wert, die Mühe auf sich zu nehmen?
- Der Prozess des Loslassens ist vollkommen natürlich. Dinge, Situationen und Menschen kommen und gehen.
- Auf alles, was geht, folgt immer etwas Neues!

Was jetzt zu tun ist:

- Notieren Sie alles, was Sie loslassen wollen und müssen. Erstellen Sie eine Liste und erweitern Sie diese täglich.
  Nach zwei Wochen sortieren Sie alle notierten Punkte nach deren Priorität. Das Wichtigste steht ganz oben. Arbeiten Sie täglich daran, Dinge von dieser Liste streichen zu können. Misten Sie Ihr Leben aus!
- Fangen Sie zu Hause an. Entrümpeln Sie und werfen Sie alles weg, was nicht länger ein Teil von Ihnen ist!
- Notieren Sie einen Satz, mit dem Sie ausdrücken, was Sie loslassen möchten. Verbrennen Sie das Blatt Papier feierlich und beginnen Sie mit diesem symbolischen Akt, loszulassen.

9. Das Gesetz des Muts

Raus aus der Komfortzone – Riskieren Sie was!

Wann waren Sie das letzte Mal mutig? Ich meine damit nicht die Kleinigkeiten aus Ihrem Alltagsleben. Es geht vielmehr darum, wann Sie das letzte Mal aus Ihrer Komfortzone ausgebrochen sind und sich etwas getraut haben, wovon Sie sagten: »Davor hatte ich einen Heidenrespekt!« Wenn Sie länger nachdenken müssen, um eine Antwort auf diese Frage zu finden, halten Sie sich wohl schon eine ganze Weile in Ihrer Sicherheitszone auf.

Es ist angenehmer und sicherer, nur jene Dinge zu tun, deren Folgen kalkulierbar sind und bei denen man den absoluten Überblick hat. Man macht alles mit, bis zu einer gewissen Grenze, die man nicht überschreiten möchte. Weiterentwicklung im Leben findet aber nur außerhalb dieser Zone statt. Wenn Sie in Ihrer kleinen Welt bleiben wollen, innerhalb derer Sie alles wissen, überblicken und einschätzen können – bitte sehr. Keiner zwingt Sie zu etwas. Doch um ein Gewinner zu werden, müssen wir ab und an die inneren Hürden überspringen und uns auf Neuland begeben. Positive wie negative Erfahrungen erweitern Ihre innere Dimension und geben Ihnen den Raum, um sich weiterentwickeln zu können.

Jedes menschliche Wesen besitzt eine innere »rote Linie«. Bei jedem von uns ist sie an einem anderen Punkt angesiedelt, doch absolut alle Menschen stoßen regelmäßig an diese Grenzen und müssen sich fragen, ob sie mutig genug sind, darüber hinaus und ein gewisses Risiko einzugehen. Was Gewinner auszeichnet, ist, dass sie überdurchschnittlich oft den Mut aufbringen, über ihre inneren Grenzen hinauszugehen. Mut kann man trainieren!

Winston Churchill sagte: »Der Mut gilt zu Recht als die oberste aller Tugenden, denn vom Mut hängen all anderen Tugenden ab.« Sie können die besten Talente und Fähigkeiten besitzen – wenn Sie nicht den Mut haben, Entscheidungen zu treffen und Ihre rote Linie zu überschreiten, hilft Ihnen das alles nichts. Auch erfolgreiche Persönlichkeiten stehen immer wieder vor dieser Aufgabe. An die eigenen Grenzen stößt man sein ganzes Leben lang. Die Frage ist, ob man sich von diesen Grenzen und Angstgefühlen dominieren lässt oder ob man kühn genug ist, das Herz in die Hand zu nehmen und eine neue Erfahrung zu machen. Bedenken Sie: Sie nehmen aus diesem Leben nur Erkenntnisse und Erfahrungen mit. Alles andere lassen Sie irgendwann zurück.

Zweifel gibt es immer

Schon oft stellten mir Menschen die Frage: »Ich versuche, mutig zu handeln. Aber was kann ich gegen meinen Zweifel tun?« Die Antwort besteht aus sechs Buchstaben: **Nichts!**

Es gibt keinen Menschen auf der Welt, der gelernt hat, den inneren Zweifel komplett abzuschalten. Der Zweifel ist ein evolutionäres Programm in unserem Kopf. Bei einer anstehenden Aufgabe wägt unser Gehirn die Pro- und Kontra-

Argumente gegeneinander ab. Je wichtiger die Aufgabe und je sicherheitsliebender ein Mensch ist, desto stärker betont der Verstand die Kontra-Argumente. Ihr Verstand hat ein Mitspracherecht. Gott sei Dank zweifelt er – es ist seine Aufgabe. Stellen Sie sich vor, Sie besäßen die Fähigkeit zu zweifeln nicht. Eine Katastrophe würde auf die nächste folgen. Zweifel bewahrt Sie vor vielen Dummheiten und ist somit grundsätzlich eine gute Sache. Aber: Ihr Verstand kann nur rational argumentieren und hat auf die wirklich entscheidenden Fragen im Leben meist keine brauchbare Antwort.

Berufs- und Partnerwahl

Wenn ein Jugendlicher vor der Berufswahl steht und sich fragt: »Soll ich Medizin studieren und Arzt werden?«, gibt ihm der Verstand z. B. folgende Antwort: »Das wäre vernünftig. Krank werden die Leute immer, und Ärzte werden gut bezahlt.« Das sind durchaus Argumente. Es beantwortet aber die Frage nicht, denn der Fragesteller wollte wissen, ob Arzt der richtige Beruf für ihn ist. Ist er dazu berufen, Arzt zu werden? Auf diese Frage zuckt der Verstand mit den Schultern.

Das Gleiche geschieht auch bei der Partnerwahl. »Soll ich Peter heiraten oder nicht?« Der Verstand hat ein paar Argumente parat: »Auf jeden Fall! Peter sieht gut aus, hat einen guten Job und bringt finanziell ordentlich was mit.« Doch auch bleibt die eigentliche Frage unbeantwortet, denn man wollte ja wissen, ob Peter der richtige Partner für einen ist.

An diesen Beispielen erkennen Sie, dass der Verstand ein guter Diener, aber ein schlechter Herr ist. Er äußert sich immer, egal ob Sie ihn fragen oder nicht. Wenn Sie eine wichtige Entscheidung treffen und Mut beweisen müssen, hat der Schlaumeier in Ihrem Kopf sofort zahlreiche Argumente für und wider diese Entscheidung gefunden und teilt Ihnen diese ununterbrochen mit. Eine Diskussion zwischen Verstand, Bauch und Herz ist unausweichlich. Bei welchen Fragen hören Sie auf welchen Teil Ihres Körpers? Wenn es um die Finanzierung eines Autos geht, kann der Verstand sicherlich wertvolle Argumente liefern. Bei Themen, die nicht rein rational zu beantworten sind, sollte der Wortführer Ihr Bauch oder das Herz sein.

Unsere Ängste

Lassen Sie uns kurz über Angst sprechen. Es gibt zwei Grundarten von Ängsten, die es Ihnen erschweren, Ihre Komfortzone zu verlassen. Erstens: die Angst zu versagen. Zweitens: die Angst vor Ablehnung.

Bei jedem Schritt über die rote Linie haben Sie Furcht davor, dass etwas schiefgehen könnte, oder dass Sie zurückgewiesen werden. Merken Sie sich: Ein »Nein!« darf auf keinen Fall mit »Niemals!« verwechselt werden. Es bedeutet »Nein, so nicht!« oder »Nein, noch nicht!«. Wenn Sie eine Absage erhalten, geben Sie sich nicht der Enttäuschung und dem Selbstmitleid hin. Analysieren Sie das Ganze und überprüfen Sie, ob Sie es vielleicht anders oder zu einem anderen Zeitpunkt versuchen sollten.

Wenn Sie ein Buch geschrieben haben und das Manuskript an einen Verlag schicken, erhalten Sie mit einer Wahrscheinlichkeit von 90 Prozent eine Absage. Kein Grund, den Kopf in den Sand zu stecken. Das ging allen erfolgreichen Buchautoren so. Wenn jeder von ihnen sofort aufgegeben hätte, wären mehr als die Hälfte aller Bücher nie entstanden. Diese Gewinner-Persönlichkeiten« verbuchten das »Nein!« als Information und veränderten entweder das Manuskript, bis es passte, versuchten es bei einem anderen Verlag oder hatten zu einem späteren Zeitpunkt den gewünschten Erfolg. Ablehnung erfährt jeder. Nehmen Sie es nicht persönlich und geben Sie Ihr Bestes dafür, beim nächsten Versuch Erfolg zu haben.

Der zweite große Angstfaktor ist die Angst vor dem Scheitern. Der erfolgreiche Unternehmer Thomas J. Watson, Gründer von IBM, meinte: »Wenn du schneller Erfolg haben willst, musst du deine Fehlerquote verdoppeln.« Dieses Zitat sagt alles: Fehler zeigen den Weg zum Erfolg.

Vielleicht denken Sie jetzt: »Eine ermutigende Aussicht. In meiner Komfortzone zu bleiben, ist ein Fehler und wenn ich mutig ausbreche, mache ich zwangsläufig auch Fehler.« Diese Sichtweise ist zu negativ, denn Sie machen nicht nur Fehler und scheitern, wenn Sie sich trauen, Ihre inneren Grenzen zu überschreiten. Ein Sprichwort besagt: »Wenn dir zwei Gefahren drohen, eine vorn und eine hinten, ist es immer besser, nach vorne zu stürmen.« Der Punkt ist vielmehr, dass Sie viele neue Erfahrungen machen können, wenn Sie sich auszubrechen trauen. Innerhalb Ihrer Komfortzone gibt es nichts mehr zu gewinnen.

Ein Tennisspieler, der kneift

Ich habe am eigenen Leib erfahren, wie es ist, sich von Ängsten besiegen zu lassen, aber auch, wie es ist, als Gewinner aus allem hervorzugehen. Als ich mich damals traute, den von mir eingeschlagenen beruflichen Weg zu verlassen und auf meine innere Stimme zu hören, war das eine schwere Entscheidung. Doch es war wichtig, denn dadurch habe ich mich weiterentwickelt, obwohl ich nach dieser Entscheidung bei Weitem nicht immer alles richtig gemacht habe.

Es gab aber auch mal eine Zeit, in der ich meiner Angst nachgegeben habe. In meiner Jugend stand ich im Tennisverein über viele Jahre hinweg an Position eins der internen Rangliste. Es gab allerdings drei Spieler, die vom spielerischen Niveau her sehr nahe an mir dran waren. Ich hatte furchtbare Angst, meine Position an der Spitze zu verlieren, und verweigerte ab einem gewissen Zeitpunkt die Teilnahme an den vereinsinternen Jugendmeisterschaften, da ich dort Gefahr lief, gegen einen dieser Spieler spielen zu müssen. Aufgrund dieses Verharrens in der Sicherheitszone blieb ich in meiner Entwicklung als Sportler und Mensch zurück.

Erst als ich mich dieser Angst stellte und den Mut aufbrachte, die Konfrontation und das damit verbundene Risiko einzugehen, entwickelte ich mich weiter. Ich trat wieder gegen meine engsten Kontrahenten an und steckte Siege, aber auch Niederlagen ein. Viel wichtiger war, dass ich meine Angst überwand, der Situation ins Auge sah und ich mich dadurch weiterentwickeln konnte. Auch Sie können Mut entwickeln, wenn Sie in Situationen, in denen Mut gefragt ist, tatsächlich mutig handeln – unabhängig vom Ergebnis.

Trauen Sie sich, zu springen

Als Kind wagte ich mich einmal auf den Fünf-Meter-Turm im Schwimmbad. Ich stand dort oben wie angewurzelt und schaute nach unten. Hinter mir stauten sich die anderen Springer. Irgendwann sprang ich tatsächlich, doch da ich mich so verkrampft hatte, landete ich ziemlich schief im Wasser, was richtig wehtat. Ich jammerte, doch ein Mann am Beckenrand brüllte mich an: »Hör auf rumzuheulen und spring gleich noch mal.« Ich war so schockiert von dieser Ansprache, dass ich meine Schmerzen vergaß und tatsächlich sofort ein zweites Mal sprang. Diesmal ging alles gut, und der Mann gratulierte mir mit einem Lächeln. An diesem Tag überquerte ich eine riesige rote Linie in mir und lernte, dass man Ängste überwinden kann, indem man sie mutig durchbricht.

Wenn Sie nicht tun, wovor Sie Angst haben, wird die Angst Ihr Leben kontrollieren. Sie müssen keine Mutproben absolvieren, sondern sich nur Ihren Alltagsängsten stellen. Wenn Sie Erfolg haben wollen, kommen Sie nicht darum herum, mutige Entscheidungen zu treffen und sich innerlich zu überwinden. **Das eigene Leben mutig führen zu können bedeutet nicht, keine Angst vor den Folgen des eigenen Handelns zu haben, sondern diese Angst kontrollieren und meistern zu können.**

Seien Sie mutig und treffen Sie Entscheidungen! Ihre Zweifel können Sie nicht abstellen, denn das innere Zwiegespräch findet zwangsläufig statt. Zweifeln Sie ruhig und beginnen Sie voller Zweifel zu handeln. Aber handeln Sie und überwinden Sie Ihre rote Linie!

Das Gesetz des Muts in Kürze:

- Persönliche Weiterentwicklung findet nur außerhalb der eigenen Komfortzone statt.
- Ohne Mut ist Ihr Talent und Ihr Wissen nichts wert.
- Es gibt zwei Arten von Ängsten, die uns blockieren: Die Angst, zu versagen, und die Angst vor Ablehnung.
- Das Zweifeln kann man nicht ablegen.
- Vor wichtigen Entscheidungen sollte man in sich hineinhören. Kopf, Bauch und Herz senden klare Signale aus.
- Um ein Gewinner zu werden, müssen Sie sich Ihren Ängsten stellen, mutige Entscheidungen treffen und mit den positiven wie negativen Folgen Ihres Handelns umgehen lernen.

Was jetzt zu tun ist:

- Stellen Sie sich vor, Sie könnten zaubern und Ihre Träume mühelos erreichen. Was wären Ihre Ziele und welche Veränderungen würden Sie in Ihrem Leben vornehmen, wenn Sie keine Angst hätten, zu versagen? Beginnen Sie noch heute so zu handeln, als wäre Ihnen Ihr Erfolg schon sicher.

- Überlegen Sie sich, was Sie davon abhält, die anstehenden Aufgaben, vor denen Sie Angst haben, anzupacken. Was könnte schlimmstenfalls passieren?

- Notieren Sie in ein paar Sätzen eine Ihrer Ängste. Treffen Sie den Entschluss, sich dieser Angst in den nächsten Wochen zu stellen und sie zu überwinden. Wenn Sie offensiv auf Ihre Ängste zugehen, verlieren diese an Macht. Setzen Sie sich ein Zeitlimit, bis wann Sie Ihre Angst im Griff haben wollen.

10. Das Gesetz vom Umgang mit Problemen

Hurra, ein Problem! Warum Schwierigkeiten gut für Sie sind

Es gibt viele Menschen, die ihre Probleme gerne auf einen Schlag los wären. Kennen Sie so jemanden? Vielleicht sind Sie selbst einer von denen, die am liebsten mit einem Zauberstab in der Hand alle Probleme in ihrem Leben wegzaubern würden. **Doch ohne Schwierigkeiten kommen Sie im Leben nicht vorwärts, denn Probleme sind gut für Sie!**

Gewinner zeichnen sich unter anderem durch eine ganz besondere Eigenschaft aus: Sie sind hervorragende Problemlöser. Wenn auch Sie auf dem Erfolgspfad eines Gewinners wandeln wollen, müssen Sie Probleme nicht nur annehmen, sondern Herausforderungen geradezu suchen. Es gibt das schöne Sprichwort: »Alles, was einen nicht umbringt, macht einen nur härter.« Anders formuliert: **»Alle Probleme, die Ihnen im Laufe des Lebens begegnen, machen Sie stärker, wenn Sie sich ihnen stellen.«**

Es heißt »Pro-blem«, nicht »Anti-blem«

Das Wort »Problem« ist sehr negativ belegt, und eigentlich sollte man es in unserer Gesellschaft am besten gar nicht mehr in den Mund nehmen. Viel besser sei es, so die Meinung der meisten verirrten Anhänger des positiven Denkens, das Wort in sehr viel positiver klingende Begriffe wie

»Aufgabe« oder »Herausforderung« umzutaufen. Doch Ihre Probleme werden Sie nicht dadurch los, indem Sie dieses Wort aus Ihrem Wortschatz streichen und ihm dafür eine neue, scheinbar positivere Bezeichnung geben. Viel entscheidender ist, dass Sie sich von Ihren Emotionen, Assoziationen und Ihrer Haltung zu Problemen lösen.

Wenn man sich das zweisilbige Wort »Pro-blem« ansieht, fällt einem die erste Silbe »Pro« ins Auge. Probleme sind also grundsätzlich **für** den Menschen – und nicht gegen ihn. Wäre das Gegenteil der Fall, müsste das Wort »Kontrablem« oder »Anti-blem« heißen. Sie sehen: Allein schon unser Verhältnis zu Problemen ist problematisch. Wir sollten unsere negative Sichtweise aufgeben und Probleme als das sehen, was sie sind – der Motor für unsere Entwicklung.

Wie würde Ihr Leben ohne Probleme aussehen? »Wunderschön! Fantastisch! Entspannt und traumhaft!«, denken Sie jetzt vielleicht spontan. Vergessen Sie das, es wäre einfach nur langweilig!

Der kanadische Indianerstamm der Shushwap lebt fernab der Zivilisation in British Columbia. Dort genießen diese Ureinwohner ein geradezu paradiesisches Leben. Die Flüsse sind voller Fische, jede Menge Wild lebt in den Wäldern, und auf den Bäumen wachsen viele verschiedenartige Früchte, die sich mühelos ernten lassen. Die Indianer müssen kein Geld verdienen, brauchen nicht arbeiten zu gehen, leben in einer traumhaften Natur sorgenfrei von einem Tag in den nächsten hinein und brauchen sich um ihr Überleben keine Gedanken zu machen. Doch wenn Sie jetzt glauben, dass diese Menschen nur zu beneiden sind, täuschen Sie sich ganz gewaltig!

In regelmäßigen Abständen nach einigen Jahren macht sich immer wieder eine gewisse Unruhe innerhalb des Stammes breit. Einer der Stammesältesten sagte dazu: »Wenn man alles im Voraus weiß, hat das Leben keinen Sinn.« Den Indianern wird also langweilig, da sie keine Probleme haben und sich ihnen keine Herausforderungen stellen. Was geschieht? Der Stamm verlässt sein Paradies und zieht weiter, um sich irgendwo neu anzusiedeln. Die Shushwaps müssen ihre Umgebung erkunden und neue Hütten errichten usw. Doch anstatt sich über diese Unannehmlichkeiten zu beschweren, herrscht eine erstaunliche Leichtigkeit und Fröhlichkeit. Die Indianer geben an, sich nach ihrer Umsiedlung um Jahre verjüngt zu fühlen, da ihr Leben wieder einen Sinn hat.

Aus dem Verhalten der Shushwap können wir lernen, dass das Leben erst durch seine tagtäglichen Herausforderungen lebenswert wird. Ohne Probleme und schwierige Aufgabenstellungen würden wir uns zu Tode langweilen. Natürlich tut es gut, sich ein paar Tage oder Wochen auf die faule Haut zu legen. Doch im Grunde ist es nicht das, was uns im Leben glücklich macht, und auch nicht, was uns zu erfolgreichen Gewinnern werden lässt.

Stellen Sie sich Problemen!

Eigentlich ist das Ganze paradox. Auf der einen Seite hassen wir Probleme, auf der anderen Seite lieben wir sie geradezu. Wir alle mögen Probleme und sind häufig sogar

auf der Suche danach, z. B. in Form von sportlichen Wettkämpfen, Vergleichen, Kreuzworträtseln, Denksportaufga-
ben, Brettspielen usw. Menschen konfrontieren sich mit
einer Reihe von Problemen, um zu gewinnen und sich weiterzuentwickeln. Jeder Einzelne trägt diese Leidenschaft
für derartige Herausforderungen in sich, denn sie ist in der
menschlichen Natur verankert.

Wenn man sich diesen Umstand klargemacht hat, ist es
umso erschreckender, mit anzusehen, wie die meisten Menschen mit Problemen umgehen und versuchen, vor ihnen da-
vonzulaufen. In unserer Wohlstandsgesellschaft ist es nicht
mehr in Mode, sich hochzuarbeiten oder diversen Schwierigkeiten zum Trotz harte Zeiten zu überstehen, um so einen
persönlichen Entwicklungssprung machen zu können. Heutzutage ist jemand eher dann ein Held, wenn er immer strahlt
und scheinbar spielend durchs Leben kommt. Was für ein
Blödsinn! Wenn Sie das Leben wirklich erfolgreich meistern
wollen, verabschieden Sie sich von Sätzen wie: »Ich habe
keine Probleme. All meine Probleme gehören der Vergangenheit an.« Das erinnert an ein Kleinkind, das die Augen zu-
kneift, wenn es sich verstecken will, nach dem Motto: »Wenn
ich dich nicht sehe, kannst du mich auch nicht sehen.«

Alles, was Sie bis heute erreicht und gelernt haben, war
nur deshalb möglich, weil Sie auf dem Weg dorthin eine
ganze Reihe von Problemen und Unannehmlichkeiten aus
dem Weg geräumt haben. Natürlich hätten Sie den ange-
nehmeren Weg des geringsten Widerstands gehen können. Doch führt dieser Weg nachhaltig zu Erfolg? Es ist
viel wertvoller für Sie, wenn Sie einen Weg mit Widerstän-

den beschreiten und alle Hürden überspringen, die vor Ihnen liegen.

Schon Kinder überwinden Probleme

Machen Sie sich immer wieder bewusst, wie stark Sie die Probleme in Ihrem bisherigen Leben gemacht haben. Wie robust wären Sie heute, wenn Sie noch nie in Ihrem Leben ein Problem gehabt hätten? Wahrscheinlich würden Sie bei der kleinsten Kleinigkeit zusammenbrechen.

Denken Sie an Ihre Kindheit zurück. Sprechen zu lernen stellt für ein Kind eine Aneinanderreihung von Problemen dar. Haben Sie sich entmutigen lassen und beschlossen, zeit Ihres Lebens zu schweigen, nur weil es Monate dauerte, bis Ihnen die ersten Silben fehlerfrei über die Lippen kamen? Beim Gehenlernen war es das Gleiche. Hunderte Male sind wir auf unseren Hosenboden gefallen, nur um es danach noch einmal zu versuchen. Wir hatten eine positive Herangehensweise an Probleme, die uns aber oftmals im Laufe der Jahre verloren gegangen ist. Wenn Erwachsene heutzutage noch mal gehen lernen müssten, würden sie wahrscheinlich spätestens nach dem fünften Fehlversuch sitzen bleiben und eine wissenschaftlich fundierte Begründung erarbeiten, warum Krabbeln die viel ökonomischere Art der Fortbewegung ist.

Ist es überhaupt ein Problem?

Als ich eine große Anzahl von Gewinner-Persönlichkeiten studierte, wurde mir klar: **Der Unterschied zwischen er-**

folgreichen und erfolglosen Personen ist nicht die Anzahl ihrer Probleme oder Misserfolge.

Der Unterschied ist: Gewinner geben nicht auf, bevor Sie das Problem gelöst und ihr Ziel erreicht haben. Häufig erleben Erfolgsmenschen die gleiche oder eine noch höhere Anzahl von Problemen und Rückschlägen in ihrem Leben als die Erfolglosen.

Einer der Hauptgründe, warum Gewinner mit Problemen so positiv umgehen können, ist, dass sie die Geschehnisse in ihrem Leben aus einer anderen Sichtweise betrachten als andere Menschen.

Häufig ist ein Problem gar kein Problem, sondern wird nur zu einem gemacht. So mancher Mensch hat eine problematische Einstellung zu einer Situation und erschafft sich dadurch ein Problem, das andernfalls gar nicht da wäre. Überlegen Sie, ob sich hinter Ihren Schwierigkeiten nicht vielleicht doch nur eine Denkweise verbirgt, die es zu dem macht, was es für Sie ist – nämlich etwas Negatives.

In unserem Kulturkreis ist es verpönt, seinen Sexualpartner häufig zu wechseln. In anderen Teilen der Welt ist das Gegenteil der Fall. Auf der anderen Seite gibt es Länder im Mittleren Osten, in denen einer Frau die Todesstrafe droht, wenn sie im Auto eines Mannes mitfährt, der nicht ihr Ehemann ist. In unserer Gesellschaft reibt man sich über eine derartige Anschauung verwundert die Augen.

Viele Dinge, die einem vom Prinzip her logisch erscheinen, können auch komplett anders gesehen werden. Wo mancher ein Problem sieht, ist für den anderen keines zu erkennen. Was für Herrn Meier eine Katastrophe ist, ist für Frau Müller eine Lappalie. Wer von beiden hat Recht? Im Endeffekt beide und keiner, denn jeder sieht es aus seiner Sichtweise.

Wenn Sie in Zukunft vor einem Problem stehen, prüfen Sie, ob Sie die Situation nicht auch von einer anderen Seite betrachten könnten, aus der sich die ganze Problematik auflöst. Der Philosoph Josef Schmidt traf den Nagel auf den Kopf: »Es sind nicht die Umstände oder gar die Probleme, die uns zu schaffen machen, sondern immer nur unsere Einstellung dazu.«

Wenn Sie Situationen in Ihrem Leben aus Ihrer problematischen Sichtweise entlassen, verschwinden viele Probleme ganz von selbst. Zahlreiche scheinbare Probleme in meinem Leben haben sich durch ein paar Fragen aufgelöst, die ich mir bei drohenden Schwierigkeiten stelle: »Was wäre, wenn es so ist? Was passiert dann? Bin ich dann einer katastrophalen, negativen Wendung in meinem Leben schutzlos ausgeliefert?« Meine Antwort lautete im Großteil der Fälle »Nein!«. Wenn aber tatsächlich ein Problem da war, das gelöst werden musste, dann tat ich das immer mit einer positiven Einstellung. Ich arbeitete mit der Gewissheit daran, dass mich Probleme stärker machen und das Leben nur Aufgaben für mich bereithält, die ich lösen kann.

Das Gesetz vom Umgang mit Problemen in Kürze:

- Probleme sind der Motor der persönlichen Entwicklung und somit etwas Positives (Pro-blem).

- Probleme machen Sie stärker, wenn Sie sich ihnen stellen und an ihrer Lösung arbeiten.

- Der Mensch ist von Geburt an ein Problemlöser. Wenn Sie nicht gelernt hätten, Schwierigkeiten zu lösen, hätten Sie keine innere Stärke und Widerstandskraft.

- Gewinner haben die gleiche Anzahl von Problemen und Schwierigkeiten wie Verlierer. Gewinner geben aber niemals auf.

- Probleme sind oft Einstellungs- und Ansichtssache. Löst man sich von seinem Urteil und der eingeschränkten Sichtweise, verschwindet das Problem oft von ganz alleine.

- Das Leben stellt Sie nie vor ein Problem, das Sie nicht lösen können.

Was jetzt zu tun ist:

- Wählen Sie drei aktuelle Probleme in Ihrem Leben aus. Beantworten Sie schriftlich folgende Fragen: 1. Welches Thema steckt hinter diesem Problem? 2. Warum ist dieses Problem gut für mich bzw. was lerne ich dadurch? 3. Ist dieses Problem wirklich ein Problem oder verschwindet es, wenn ich meine Sichtweise bzw. meinen Standpunkt ändere? 4. Was muss ich tun, um dieses Problem Schritt für Schritt lösen zu können?

- Beginnen Sie noch heute, sich dem Thema zu stellen, und arbeiten Sie täglich an der Problemlösung!

11. Das Gesetz der richtigen Entscheidung

Richtige Entscheidungen sind kein Glücksfall

Wir alle stehen täglich vor einer neuen Herausforderung: Wir müssen Entscheidungen treffen. Wir können zwar vor Entscheidungen davonlaufen, doch auch sich nicht entscheiden zu wollen ist eine Entscheidung, mit deren Konsequenz man leben muss. Alle Gewinner verbindet eine besondere Eigenschaft: Diese Personen haben sich dazu verpflichtet, in ihrem Leben mutige Entscheidungen zu treffen. Gewinner-Typen haben ein besonderes Talent dafür, richtige Entscheidungen zu treffen. Die Frage ist: Kann man so etwas lernen? Ja, man kann!

Vertrauen Sie Ihrer Intuition!

Jeder Mensch besitzt eine Art innere Stimme, seine Intuition. Sie haben das sicher schon einmal erlebt: Man weiß nicht, warum man etwas weiß, doch das innere Gefühl, eine Art Vorahnung, sendet einem eindeutige Botschaften. Oft treffen Menschen eine falsche Entscheidung und ärgern sich im Anschluss über sich selbst, da sie schon ein schlechtes Gefühl bei dieser Entscheidung hatten. Nicht umsonst gibt es die Faustregel: »Entscheide dich immer für das, was dir als Erstes in den Sinn kommt.«

Ihr Bauch bzw. Ihr Herz kommuniziert permanent über die Gefühlsebene mit Ihnen und gibt bei anstehenden Entscheidungen innerhalb kürzester Zeit seine »Meinung« bekannt. Das ist es, was man landläufig Intuition nennt. Leider haben viele Menschen im Laufe ihres Lebens verlernt, auf diese innere Stimme zu hören. Es ist aber nicht zu spät, denn man kann die Wahrnehmung der eigenen Intuition wieder erlernen und sie gewinnbringend für sich nutzen. »Fällen« Sie ab heute Ihre Entscheidungen nicht mehr primär mit dem Verstand, sondern »treffen« Sie sie mit Hilfe Ihrer Intuition.

Richtig versus falsch

Es gibt eine Technik bzw. Vorgehensweise, mit der man die intuitive Wahrnehmung wieder erlernen und nachvollziehen kann. Machen Sie sich eine Aussage bewusst, die zu 100 Prozent richtig ist, wie: »Ich bin ein/e Mann/Frau.« oder »Heute ist Donnerstag.« usw. Während Sie diese Aussage laut aussprechen und gleichzeitig denken, horchen Sie in sich hinein, welches Gefühl Sie dabei haben. Wie fühlt sich eine korrekte Aussage in Ihnen an? Nehmen Sie Ihre Gefühle wahr. Manche Menschen beschreiben ihre Empfindungen mit Worten wie warm, weit, weich, leicht, frei, angenehm etc.

Im Anschluss daran rufen Sie sich eine völlig gegenteilige Aussage ins Bewusstsein. Wählen Sie etwas aus, das absolut falsch ist, und spüren Sie erneut in sich hinein. Wie fühlt es sich an, eine falsche Aussage auszusprechen und zu denken? Oftmals höre ich hier Begriffe wie eng, kalt, unwohl, hart, schwer, beklemmend usw.

Vergleichen Sie das innere Gefühl bei der richtigen Aussage mit dem bei der falschen. Wechseln Sie dann zwischen richtigen und falschen Aussagen hin und her und lernen Sie, den Unterschied zu spüren, bis Sie beides eindeutig voneinander unterscheiden können. Nun haben Sie die Grundlage dafür geschaffen, in Zukunft sehr viele oder sogar ausschließlich richtige Entscheidungen treffen zu können.

Rufen Sie sich jetzt eine anstehende Entscheidung ins Bewusstsein und spüren Sie, was Ihnen Ihre Intuition dazu zu sagen hat. Am besten benennen Sie eine klare Aussage, die Sie dann laut aussprechen und gleichzeitig denken. Formulieren Sie Aussagesätze, wie z. B.: »Es ist jetzt richtig für mich, diese Arbeitsstelle anzutreten.« oder »Es ist jetzt richtig für mich, aus dem XY-Fonds auszusteigen.« Formulieren Sie diese Sätze für Ihre persönlichen Entscheidungsbereiche. Sie können sich auch, nachdem Sie die innere Botschaft für einen Aussagesatz erhalten haben, zur Kontrolle das Gegenteil in Form eines Aussagesatzes ins Bewusstsein rufen. Im Bezug auf das obige Beispiel wäre das ein Kontrollsatz wie: »Diese Arbeitsstelle jetzt anzutreten, ist für mich falsch.« oder »Es ist für mich stimmig, weiter in den XY-Fonds zu investieren.« Spüren Sie in sich hinein und nehmen Sie die positiven oder negativen Gefühle wahr. Sie haben auf Ihre Frage von Ihrem Unterbewusstsein eine Antwort erhalten. Nun müssen Sie entscheiden, ob Sie dieser inneren Instanz folgen. **Hören Sie auf Ihre Intuition – folgen Sie der Stimme Ihres Herzens!**

Vor dem Fortschritt kommt vielleicht ein Rückschritt

Wenn Sie Entscheidungen treffen, kann es passieren, dass kurz darauf eine für Sie negative Folge eintritt und Sie dann der Meinung sind, die falsche Entscheidung getroffen zu haben. Richtige Entscheidungen tarnen sich manchmal als negative Ereignisse. Lassen Sie sich davon nicht entmutigen. **Um einen Fortschritt zu erreichen, bedarf es manchmal zuvor eines Rückschrittes.**

Ich habe das am eigenen Leib erfahren. Mit einem Teil meines Geldes mache ich Börsengeschäfte über das Internet. Natürlich benutze ich dabei ein rationales und logisches System. Dennoch binde ich bei jeder Investition meine Intuition in die Entscheidungsfindung mit ein. Vor einiger Zeit stand ich vor einer relativ großen Investitionsentscheidung und wog die Pro- und Kontra-Argumente gegeneinander ab. Die Gründe, die gegen einen Einstieg sprachen, überwogen und zeigten bei rationaler Betrachtung der Situation, dass ein Einstieg nur geringe Erfolgsaussichten haben würde. Meine Intuition hingegen riet mir zu dem Investment. Obwohl es mir nicht leichtfiel, hörte ich auf meine innere Stimme und stieg in den Markt ein. Kurz darauf entwickelte sich der Kurs, wie ich es in meinen rationalen Betrachtungen befürchtet hatte, in die falsche Richtung.

Ich spielte schon mit dem Gedanken, wieder auszusteigen, um meine Verluste in Grenzen zu halten, da geschah etwas völlig Unerwartetes. Ohne jede Vorwarnung und entgegen aller Expertenmeinungen schoss der Kurs innerhalb von wenigen Stunden nach oben. Der Kursanstieg war in der Kürze der Zeit einer der steilsten, den es in der Geschichte dieses Produktes jemals gegeben hatte. Ich verfolgte das Ganze gebannt vor dem Computer, verkaufte nach einigen Stunden meine Anteile und sicherte mir einen beträchtlichen Gewinn. Es gab keine logischen Gründe für diese plötzliche Entwicklung und für meine Entscheidung. Nur meine Intuition riet mir dazu. Seitdem trainiere ich täglich meine intuitiven Fähigkeiten.

Achten Sie auf das Wesentliche!

Die eigene Intuition wieder wahrnehmen zu können ist eine zentrale Aufgabe, um die Probleme unserer Welt lösen zu können. Wir müssen unsere Wahrnehmung wieder schärfen und auf das Wesentliche richten. **Probleme sind niemals mit dem gleichen Denken zu lösen, mit dem sie geschaffen wurden.**

Finden Sie wieder zu sich selbst und lernen Sie, auf Ihre innere Stimme zu hören, die kontinuierlich zu Ihnen spricht und Sie berät. Wir haben durch unsere Fokussierung auf Äußerlichkeiten verlernt, die innere Stimme wahrzunehmen. Die Ergebnisse, die man durch intuitive Entscheidungsfindung erzielt, sind für den Verstand oft verblüffend und logisch kaum nachvollziehbar. Doch hier ist es wie im Sport: Am Ende zählt nur das Ergebnis.

Beide Gehirnhälften sind wichtig

Ihre Entscheidungen werden zu einem Großteil von der rechten Gehirnhälfte gefällt. Diese Gehirnhälfte ist für Ihre gefühlsmäßige Wahrnehmung, Ihre Eindrücke, das Gesamtbild und eben die Intuition zuständig. Durch Gehirnjogging und indem wir uns unendlich viel Wissen in Form von Literatur, Vorträgen oder Ausbildungen aneignen, trainieren wir jedoch fast ausschließlich die linke Gehirnhälfte. Viele Menschen versuchen daher, ihre Entscheidungen rational, aus dem antrainierten Wissen der linken Gehirnhälfte heraus, zu treffen, ohne die rechte Gehirnhälfte mit einzubeziehen. Es ist wichtig, das Training der rechten Gehirnhälfte zu forcieren und eine Verbindung beider Gehirnareale zum Zwecke eines »ganzhirnigen Denkens« zu erreichen. Erfolgreiche Menschen, die tagtäglich viele Entscheidungen in sehr kurzer Zeit treffen müssen, wissen, dass sie sich auf ihre Intuition und das Zusammenspiel beider Gehirnhälften verlassen können.

Die Intuition trainieren

Wenn Sie vor einer Entscheidung stehen, können Sie Ihre Intuition um Rat fragen. Fragen Sie sich: Ist es wirklich erstrebenswert, was ich gerade vorhabe? Stimmt das für mich? Tue ich mit dem, was ich vorhabe, jetzt das Richtige, und führt der gewählte Weg zum Ziel? Welche Hindernisse und Schwierigkeiten gibt es? Führt mein Vorhaben zu meinem gewünschten Ergebnis?

Diese und ähnliche Fragestellungen sollten Sie sich innerlich stellen und auf die Antworten, die aus Ihrem Herzen oder Bauch kommen, warten. Trainieren Sie Ihre Intuition in den verschiedensten Alltagssituationen. Spüren Sie z. B. in sich hinein, welche der beiden Aufzugtüren sich als erste öffnen wird. Nehmen Sie beim Autofahren intuitiv alle Vorkommnisse und mögliche Gefahren wahr. Dann sind Sie bald darauf vorbereitet, dass Ihnen jemand die Vorfahrt nehmen wird, ehe Sie es mit dem bloßen Auge erkennen können. Diese »Vorausahnungen« kann man praktisch üben.

Auch im Sport ist Intuition ein Segen. Ballsportler, denen es gelingt, ihre Gedanken auszuschalten und rein intuitiv zu agieren, können über ihre Leistungsgrenzen hinauswachsen. Man sagt dann landläufig: »Er spielt wie im Rausch.« In diesem Zustand werden Fehler auf ein Minimum reduziert, und die persönliche Leistung steigt in ungeahnte Höhen.

In der TV-Sendung »Wer wird Millionär« hat ein Kandidat bei jeder Frage vier Antwortmöglichkeiten. Wann immer ich die Sendung verfolgt habe und mit meinem linkshirnigen, rationalen Wissen die Antwort nicht wusste, habe ich die Frage an meine Intuition weitergegeben. Ich fühlte in mich hinein, ob die vom Kandidaten gewählte Antwort richtig oder falsch ist, und spürte, was mir meine Intuition dazu sagte. Zu Beginn war es gar nicht einfach, meine innere Stimme klar wahrnehmen zu können, da mein Verstand sich andauernd einmischte. Doch wenn man es immer und immer wieder trainiert, kann man seine innere Stimme immer deutlicher von der Stimme des Verstandes unterscheiden. Nachdem ich dieses Training über Wochen hinweg aufrechterhielt, lag meine Trefferquote viel höher als noch zu Beginn.

Bis heute arbeite ich an meiner Fähigkeit, Entscheidungen intuitiv zu treffen, was mir im täglichen Leben sehr hilft. Sie können das auch! Beginnen Sie noch heute mit Ihrem persönlichen Intuitionstraining und lernen Sie, wie ein Gewinner wahrzunehmen.

Das Gesetz der richtigen Entscheidung in Kürze:

- Entscheidungen zu treffen ist eine unumgängliche, tägliche Aufgabe.
- Entscheidungen kann man rational aus dem Verstand heraus »fällen« oder intuitiv aus dem Herzen »treffen«.
- Die Intuition, Ihre innere Stimme, ist ein weiser Berater, der Ihnen bei jeder Entscheidungsfindung helfen kann.
- Intuition kann jeder trainieren und wieder spüren lernen.
- Richtige Entscheidungen bringen ab und zu vorerst negative Folgen mit sich. Lassen Sie sich dadurch nicht beirren.
- Wir trainieren fast nur unsere linke Gehirnhälfte, obwohl Entscheidungen überwiegend von der rechten getroffen werden. Hier gilt es einen Ausgleich herzustellen.
- Intuitive Wahrnehmung sollte regelmäßig geübt

---

werden, denn sie ist der Schlüssel zur Lösung unserer Probleme von morgen.

Was jetzt zu tun ist:

- Lernen Sie Ihre Intuition wieder zu fühlen.
- Trainieren Sie täglich Ihre intuitive Wahrnehmung. Es gibt dafür unzählige Möglichkeiten im Alltag.
- Beschäftigen Sie sich mit Gehirnforschung und Training zur Gehirnaktivierung. Informieren Sie sich darüber im Internet und lesen Sie entsprechende Bücher. Ich empfehle Ihnen ein Training, das Ihnen hilft, die synaptischen Verbindungen zwischen den Gehirnhälften zu erhöhen, damit ein ganzhirniges Denken möglich wird. *(www.powerbrain-institut.de)*

12. Das Gesetz der Gesundheit

Hören Sie auf die Botschaften Ihres Körpers!

Damit man als Gewinner seinen Lebenserfolg dauerhaft verursachen und genießen kann, muss ein ganz bestimmter Wohlstandsindikator an oberster Stelle stehen: die **Gesundheit!** Keine Sorge, es folgt jetzt keine Moralpredigt über Ihre möglicherweise ungesunden Essgewohnheiten und mangelnde körperliche Ertüchtigung o. Ä. Meiner Überzeugung nach, machen es sich einige Ratgeber zu einfach. Darin steht dann: »Wenn Sie übergewichtig sind, bewegen Sie sich mehr und essen Sie nur noch die Hälfte. Wenn Sie so weitermachen wie bisher, ruinieren Sie Ihre Gesundheit. Disziplin heißt das Zauberwort!«

Man macht es sich viel zu einfach, wenn man beim Thema Gesundheit pauschal auf »die Dicken und Faulen« losgeht und meint, damit irgendetwas Positives bewegen zu können.

Zunächst kann man feststellen, dass nicht nur viele Menschen ein Problem mit Übergewicht haben, sondern in dramatisch zunehmendem Maße auch mit Untergewicht, bei Frauen wie Männern! Die Zahl der Magersüchtigen und Bulimiekranken geht alleine in Deutschland in die Hunderttausende! Da fragt man sich, was schlimmer ist – ein paar Pfunde zu viel oder einige Kilos zu wenig. Sicher, beides ist gesundheitsschädlich und mittel- bis langfristig sogar lebensbedrohlich. Doch was raten die oben beschriebenen

Ratgeber einem untergewichtigen Menschen? »Reduzieren Sie Ihre körperliche Betätigung und nehmen Sie täglich drei Mahlzeiten ein, um wieder zu Kräften zu kommen. Mit Disziplin geht alles!«

Das Sucht-Problem

Dieser Ansatz führt zu keiner Lösung. Das Problem liegt in erster Linie nicht darin, dass Menschen, die sich ungesund ernähren oder auf sonstige Art und Weise Schindluder mit Ihrem Körper treiben, zu faul und undiszipliniert sind. Diese Disziplinlosigkeit ist zwar vorhanden, stellt aber im Endeffekt nicht den springenden Punkt dar, denn die Ursache liegt im Thema »Sucht«.

Es gibt verschiedene Formen von Süchten. Fresssucht, Magersucht, Alkoholsucht, Drogensucht, Arbeitssucht u. v. m. Wenn nun jemand den ganzen Tag lang Süßigkeiten in sich hineinstopft und 30 Kilogramm Übergewicht hat, ist er definitiv süchtig. Als Süchtiger sollte man sich die Frage stellen: »Was fehlt mir, dass ich versuche, das mit Essen zu kompensieren?« bzw. »Nach was suche ich?«, denn »Sucht« kommt von »suchen«.

Mit diesen und ähnlichen Fragen nähern wir uns der Lösung eher als mit standardisierten Richtlinien für Bewegung, Ernährung und Disziplin. Das alles trägt seinen Teil zur Gesundheit bei. Doch um einen Menschen zurück auf den Erfolgspfad zu holen, bedarf es tief greifenderer Methoden. Jemand, der erkannt hat, was er sucht, ist nicht mehr auf der Suche, denn er hat gefunden. Damit wird seine äußerliche Sucht überflüssig. Um sein Leben tatsächlich verändern zu können, bedarf es der disziplinierten Lebensführung mit klaren Regeln. Doch um nachhaltig Erfolg haben zu können, muss ich an der richtigen Stelle ansetzen. Ursachenforschung heißt das Zauberwort.

Ich möchte Sie in diesem Kapitel dazu ermutigen, gesundheitliche Problemstellungen tiefgründig zu betrachten. Gesundheitstipps sind das eine, die Botschaft des Körpers zu verstehen ist das andere – und aus meiner Sicht noch viel wesentlicher für ein Leben als Gewinner.

Gesundheit als Spiegel Ihrer Lebensweise

Machen Sie sich klar: **In Ihrem derzeitigen gesundheitlichen Wohlbefinden spiegelt sich die Qualität Ihrer körperlichen sowie geistigen Lebensführung wider.** Wenn Sie diese Aussage verstanden haben, öffnet Ihnen das die Augen für die Lösung vieler gesundheitlicher Probleme. Ihr Körper ist ein intelligenter Organismus, der ständig mit Ihnen kommuniziert, sich selbst heilen kann und weiß, was ihm guttut und was nicht. Durch ihn wird Ihre innere Ausgeglichen- und Zufriedenheit nach außen hin sicht- und spürbar.

Ihr Körper teilt Ihnen über bestimmte Botschaften genau mit, wie es ihm geht und wie gut Sie sich derzeit im Fluss des Lebens befinden. Solche Botschaften drücken sich im Positiven über harmonische und energiegeladene Empfindungen aus. Im Negativen äußert sich der Körper über Krankheitssymptome – in Form von Halsschmerzen, Kopfweh, Entzündungen oder Müdigkeit bis hin zu Burnout-Syndrom, Migräne, Herzproblemen, Süchten aller Art oder Krebs.

Ich hatte in den letzten Jahren beruflich ständig Kontakt zu vielen verschiedenen Menschen, die im Job wie in ihrem Privatleben extrem beschäftigt und belastet waren und dabei häufig alles andere als einen glücklichen Eindruck machten. Andauernd plagten sich diese Menschen mit den verschiedensten Zipperlein herum, aus denen nach und nach immer größere Wehwehchen wurden, bis ihnen die Diagnose dann irgendwann das Blut in den Adern gefrieren ließ. Ich habe festgestellt, dass man sich in unserem Kulturkreis viel zu intensiv mit der Krankheit, also mit dem Symptom, beschäftigt und dabei den Blick für das Wesentliche verliert. Wenn Sie z.B. ständig unter Kopfschmerzen, Rückenproblemen oder großer Müdigkeit leiden, müssten Sie sich mit diesen Auswirkungen gar nicht beschäftigen, es sei denn, Ihr Unwohlsein ist so akut und stark, dass Sie eine vorübergehende Linderung brauchen, um wieder einen klaren Gedanken fassen zu können, um sich mit der eigentlichen Ursache zu beschäftigen. Doch wo liegt diese wahre Ursache?

In der Werbung wird uns vorgegaukelt, dass wir unsere Kopfschmerzen mit Brausetabletten wegtrinken können und gegen Beschwerden in der Magenregion nur ein paar Schluck Wundersaft einnehmen müssen. Ich möchte Ihnen diesen unsinnigen Vorgang an einem Beispiel verdeutlichen:

Man bekommt für alles eine Quittung

Herr F. verdient 2500 Euro im Monat, gibt aber monatlich 3500 Euro aus. Irgendwann ist sein Dispokredit bei der Bank ausgereizt. Die Bank sperrt das Konto. Die ersten Zahlungserinnerungen treffen ein. Verwundert öffnet Herr F. die Post, sieht die Forderung und wirft den Brief in den Papierkorb. Wenige Wochen später kommt die erste Mahnung. Herr F. wiederholt den Vorgang einfach. Er wirft die Mahnung weg und hat damit für ein paar Wochen Ruhe von den lästigen Gläubigern. Glauben Sie bloß nicht, dass mein Beispiel an den Haaren herbeigezogen ist. Es gibt viele überschuldete Menschen, die ihre Post nicht mehr öffnen.

In wenigen Wochen wird Herr F. feststellen müssen, dass seine Strategie eine reine Verdrängungsmethode war und sich seine Situation dadurch eher verschlechtert hat. Er hat sich nur für kurze Zeit Luft verschafft, bis die nächste Botschaft ins Haus flatterte. Mit jedem Mal wurden die Botschaften deutlicher und dringender. Am Ende steht dann irgendwann der Gerichtsvollzieher vor der Tür.

Wenn Sie sich diesen Vorgang ansehen, denken Sie vielleicht: »Was soll es bringen, die Mahnungen nur wegzuwerfen?« Sie haben Recht, doch genau das Gleiche tun viele Menschen tagtäglich in Bezug auf ihre Gesundheit und ihren Körper. Personen werden mit Krankheitssymptomen konfrontiert – und ignorieren es. Manche verdrängen die Beschwerden, nach dem Motto: »Was mich nicht umbringt, macht mich nur härter.« Andere wiederum beobachten ausschließlich das Symptom, lassen sich vom Arzt ein Mittel dagegen verschreiben und denken nicht daran, sich mit der Ursache zu beschäftigen.

Stellen Sie sich vor, Sie sind mit Ihrem Auto unterwegs und plötzlich blinkt das Lämpchen der Tankanzeige. Sie fahren in die Werkstatt und lassen das Lämpchen rausschrauben. Zufrieden fahren Sie weiter. Doch irgendwann wird Ihr Auto stehen bleiben. Sie wissen natürlich aus eigener Erfahrung: Das Lämpchen war nicht kaputt. Vielmehr sollte man die Botschaft dahinter erkennen und die nächste Tankstelle ansteuern, um das Auto aufzutanken. Und siehe da: Das Lämpchen ist erloschen.

Die Symptome bergen die Lösung

Genauso verhält es sich mit unserem Körper. Angenommen, Sie haben ständig Rückenschmerzen: Um Ihren Rücken brauchen Sie sich eigentlich nicht zu kümmern. Natürlich wird Ihnen begleitend eine therapeutische Behandlung guttun. Doch vergessen Sie nicht, die wahre Ursache herauszufinden und zu analysieren, woher die Rückenprobleme kommen. Das Gleiche gilt für jedes andere Krankheitssymptom. Ich möchte hier nicht so weit gehen, zu sagen, dass jede Krankheit ausschließlich psychische bzw. seelische Ursachen hat.

Wenn man sich jahrelang täglich fünf Stunden ins Solarium gelegt hat, braucht man sich über die Diagnose Hautkrebs nicht zu wundern. Die Krankheit ist in diesem Fall eindeutig auf die überdosierte UV-Strahlung zurückzuführen. Nichtsdestotrotz ist es eine mittlerweile auch von Ärzten bestätigte Tatsache, dass so gut wie alle Krankheiten aus einem emotionalen und seelischen Ungleichgewicht herrühren – und genau hier liegen auch die Lösungsansätze zur Beseitigung der Symptome.

Sehen Sie Krankheit ab sofort in einem anderen Licht. Krankheit ist kein Feind, der Sie zerstören will. Es ist nichts Böses, gegen das man kämpfen sollte, sondern vielmehr ein Hilferuf Ihres Körpers. Versetzen Sie sich in seine Lage. Auf irgendeine Art und Weise muss er mit Ihnen kommunizieren. Er kann nur über Symptome ausdrücken, welche Aufgaben Sie nachzuholen haben, damit es ihm wieder gut gehen kann. Ein Krankheitssymptom trägt den Lösungsweg zur Gesundheit schon in sich. Die Krankheit muss nicht bekämpft, sondern angenommen und verstanden werden, um eine dauerhafte Heilung erfahren zu können.

Das Problem ist, dass die meisten Menschen nicht wissen, wie die Botschaften des Körpers zu deuten sind. Sie haben diese Sprache nie gelernt, obwohl so manche Redewendung deutliche Hinweise gibt, z. B.: »Es schlägt mir etwas auf den Magen.«, »Ich habe einen dicken Hals.«, »Vor Ärger kommt mir die Galle hoch.«, »Ich fresse etwas in mich hinein.« oder »Ich zerbreche mir über etwas den Kopf.« Redensarten wie diese veranschaulichen, dass bestimmte geistige Haltungen die Krankheitsursachen bereits in sich tragen. Die Sprache des Körpers zu verstehen, wird uns leider nicht in der Schule beigebracht. Beschäftigen Sie sich deshalb in Eigeninitiative mit diesem Thema. Ein empfehlenswertes Buch ist z. B. **Kurt Tepperweins »Gesund für immer«**.

Analysieren Sie Ihren Gesundheitszustand

Wenn Sie Ihre Gesundheit verbessern oder wiederherstellen möchten, müssen Sie parallel auf zwei Ebenen arbeiten. Zum einen sollten Sie analysieren, welche körperlichen Wirkungen Sie derzeit erfahren und welche davon Sie beeinträchtigen. Es ist an der Zeit, die wahren Ursachen hinter den Symptomen zu erkennen. Eine Symptombehandlung führt, wenn überhaupt, nur kurzzeitig zu einer Verbesserung. Doch wenn Sie die erste Mahnung nicht beachten, bekommen Sie eben die zweite. Das können Sie so lange machen, bis Sie irgendwann eine lebensbedrohliche Krankheit vor die Wahl stellt, zu leben oder zu sterben.

Doch selbst dann können Sie das Krankheitsbild noch heilen, indem Sie die Aufgabe hinter der Botschaft des Körpers erkennen und Ihr Leben dementsprechend verändern. Das ist übrigens auch der Grund für wissenschaftlich und medizinisch unerklärliche Spontanheilungen. Menschen, die gesund werden, obwohl dies aus wissenschaftlicher Sicht nicht nachvollziehbar ist, haben genau diesen Schritt getan und in sich die **not-wendige** Veränderung herbeigeführt. So fortschrittlich die Schulmedizin auch ist, so kann sie dennoch in einigen Fällen dem Menschen nicht weiterhelfen und ihn gesund machen, da die Lösung des Krankheitsbildes im Menschen selbst liegt. Sie können sich zwar mit Hilfe der Schulmedizin einen Tumor entfernen lassen, doch ob Sie danach dauerhaft gesund bleiben, liegt in Ihren Händen und nicht in der Macht der Ärzte.

Einen Gewinner zeichnet aus, dass er auf seinen Körper hört, dessen Botschaften versteht und das Notwendige unternimmt. Ihre Aufgabe besteht darin, derzeitige Krankheitssymptome aufzulösen und Grundregeln im Hinblick auf Ihre zukünftige Gesundheit zu beachten. Eine gesundheitsfördernde Lebensführung, auf geistiger und körperlicher Basis, ist wichtig.

Gesundheitstipps für Gewinner:

- Betätigen Sie sich täglich mindestens 30 Minuten in irgendeiner Form sportlich. Bewegung ist das A und O!
- Entsäuern und remineralisieren Sie Ihren Körper regelmäßig.
- Nehmen Sie mehrmals im Jahr über einen Zeitraum von mehreren Wochen hohe Dosen Vitamin C zu sich.
- Achten Sie auf eine ausgewogene, hochwertige Ernährung.
- Essen Sie in Maßen, was Sie gerne mögen.
- Gehen Sie so oft wie möglich an die frische Luft und achten Sie auf eine tiefe, ruhige Bauchatmung.
- Lernen Sie Entspannungstechniken.
- Bauen Sie freie Zeiten zur Muße in Ihren Alltag ein.
- Integrieren Sie längere Erholungsphasen in Ihr Leben.
- Schlafen Sie ausreichend (sieben bis acht Stunden täglich).
- Verbessern Sie Ihre geistige Leistungsfähigkeit. Betreiben Sie Gehirnaktivierung (siehe Kap. Das Gesetz der richtigen Entscheidung).
- Versuchen Sie, sich so selten wie möglich zu ärgern.
- Trennen Sie sich von allem, was Ihnen keinen Spaß macht.

- Lernen Sie die Botschaften Ihres Körpers zu verstehen.
- Lösen Sie sich von Schuldgefühlen.
- Lachen Sie viel.
- Finden und leben Sie Ihren Traumberuf.
- Trinken Sie viel reines, klares Wasser (mindestens zwei bis drei Liter am Tag).
- Machen Sie Schluss mit Süchten (Alkohol, Nikotin etc.).
- Beschäftigen Sie sich ab sofort mit Gesundheit und nicht länger mit Krankheit.
- Schließen Sie mit Ihrer Vergangenheit ab und blicken Sie nach vorne. Leben findet immer jetzt statt.
- Reduzieren Sie Ihren Stress!
- Vermeiden Sie Überbelastung und Unterforderung in Ihrem Leben. Finden Sie die Balance dazwischen.
- Lesen Sie so oft wie möglich ein gutes Buch.
- Belohnen Sie sich selbst und pflegen Sie Ihren Körper regelmäßig von Kopf bis Fuß.
- Verbringen Sie viel Zeit mit Menschen, die Sie lieben.
- Genießen Sie das Leben!

Nehmen Sie sich jede Woche eine dieser Regeln vor und arbeiten Sie daran, sie in Ihrem Leben umzusetzen. Ihr Leben wird sich allein schon dadurch stark ins Positive verändern, wenn Sie das konsequent ein paar Monate lang durchhalten. Damit schaffen Sie eine gesunde Grundlage für Ihren dauerhaften Lebenserfolg als Gewinner!

Das Gesetz der Gesundheit in Kürze:

- Gesundheit ist das oberste Gut eines Gewinners, auf dem sein Erfolg im Leben aufbaut.
- Eine Krankheit ist eine Botschaft des Körpers, durch die er Ihnen mitteilt, was ihm fehlt.
- Zu oft werden nur Symptome behandelt und nicht die wahren Ursachen körperlicher Beschwerden ergründet.
- Symptombehandlung führt, wenn überhaupt, nur kurzfristig zu einer Verbesserung. Dauerhafte Gesundheit erlangt man durch das Erkennen und Beseitigen der geistigen Krankheitsursachen.
- Der Körper kann nur über die Sprache der Symptome kommunizieren, die viele Menschen nicht verstehen.
- Der Körper schickt so lange eine Mahnung, bis eines Tages der Gerichtsvollzieher kommt oder die offene Rechnung freiwillig beglichen wird.

Was jetzt zu tun ist:

- Lernen Sie die Symbolsprache Ihres Körpers. Lesen Sie dazu Bücher, z. B. von **Kurt Tepperwein,** und sprechen Sie mit Experten. So können Sie herausfinden, was Ihre Krankheit bedeutet und wo der Heilungsansatz liegt.
- Entscheiden Sie sich dafür, die wahre Ursache des Krankheitssymptoms zu analysieren.

- Beschäftigen Sie sich geistig mit Gesundheit und nicht mit Krankheit.
- Integrieren Sie die genannten Gesundheitstipps in Ihr Leben und nehmen Sie sich jede Woche mindestens einen Punkt vor, auf den Sie sich verstärkt konzentrieren.

13. Das Gesetz der Sympathie

Wie Sie anderen immer sympathisch erscheinen

Einer der wichtigsten Erfolgsfaktoren ist die Fähigkeit, sympathisch zu sein und dementsprechend zu wirken. Sympathischen Personen wird Vertrauen geschenkt, und es eröffnen sich dadurch viele Möglichkeiten und Chancen in den verschiedensten Lebensbereichen. Entscheidend ist, dass diese sympathische Art nicht künstlich erzeugt wird, mit dem Hintergedanken, auf diese Weise andere Menschen manipulieren zu können. Sympathie ist vielmehr die angeborene, natürliche Haltung eines Menschen, der mit offenem Herzen durch die Welt geht. In der Realität erlebt man leider häufig das Gegenteil. Viele vordergründig freundlich erscheinende Personen gehen nicht ehrlich mit ihren Mitmenschen um, womit sie sich in letzter Instanz selbst betrügen. **Ein nachhaltig erfolgreiches Leben können Sie sich nur dann erschaffen, wenn Ihr Handeln auf Ehrlichkeit aufbaut.**

Ein Negativbeispiel

Wer kennt sie nicht, die Verkäufer und Berater in Versicherungsunternehmen, Banken oder Autohäusern, die einem schon an der Eingangstür mit breitem Grinsen entgegenspringen und einem fast um den Hals fallen. Man bekommt das Gefühl, seinem besten Freund gegenüberzustehen, der sich riesig darüber freut, dass man ihn endlich wieder besucht. Freunde fürs Leben – zumindest, solange Sie kaufen, was man Ihnen andrehen möchte. Wenn Sie das nicht tun, kann diese Freundschaft oftmals sehr schnell vorbei sein, und man würdigt Sie kaum mehr eines Blickes. Schon mal erlebt? Hier ein Beispiel.

Als ich vor einigen Jahren mein Geld bei einer Bank angelegt hatte, wurde ich von meinem damaligen Berater bei jedem meiner Bankbesuche immer wie von einem Bruder begrüßt. Er erzählte mir jedes Mal einen Schwank aus seinem Leben und einen Witz nach dem anderen. Doch eines Tages begann ich, seine Investitionsempfehlungen zu überprüfen. Ich wurde zwar seit Jahren von dem Mann bestens unterhalten, doch leider alles andere als bestens beraten. Ich löste meine Depots auf und transferierte mein Kapital zu einem anderen Finanzinstitut. Der Gesichtsausdruck, den mein Berater aufsetzte, als ich ihm meine Entscheidung mitteilte, war wenig einladend. Nur mein Girokonto beließ ich bei dieser Bank, und so kam es in den nächsten Wochen vor, dass ich beim Gang zum Kontoauszugsdrucker meinem Ex-Berater über den Weg lief. Meistens sah er mich grimmig an und brachte nicht einmal einen Gruß über die Lippen.

Ein Jahr später betrat ich ein anderes Geldinstitut. Im Erdgeschoss der Bank lief ich an mehreren Büroräumen vorbei, als ich jemanden rufen höre: »Hallo, Herr Kirchner!« Zu meinem Erstaunen stand mir mein ehemaliger Berater gegenüber, der sich noch vor wenigen Monaten nicht mehr an meinen Namen zu erinnern schien. Er wirkte wie ausgewechselt und eilte fast schon im Laufschritt auf mich zu, streckte mir freudestrahlend seine Hand entgegen und begrüßte mich herzlich. Ich war von seiner Sinneswandlung so überrascht, dass ich zunächst kein Wort herausbrachte. Dies war aber auch gar nicht nötig, denn er begann mir von seinen neuen, sensationellen Produkten zu erzählen, die wie für mich geschaffen wären. Ich weiß nicht, ob Sie das Gefühl kennen, wenn aufgrund der Unverschämtheit des Gegenübers der eigene Puls die 150er-Marke anstrebt. Dieses Gefühl machte sich in diesem Moment in mir breit. Doch ich blieb ruhig. Nach einiger Zeit unterbrach er seinen Redefluss und fragte: »Welcher glückliche Umstand verschlägt Sie denn eigentlich in unsere Bank?« Ich antwortete ihm: »Wissen Sie, Ihre verlogene Art ist mir so im Gedächtnis geblieben, dass ich mir gedacht habe, ich schaue hier mal rein und warne sämtliche Kunden, die mir begegnen, davor, sich mit Ihnen auf Geschäfte einzulassen.« Es ist ein herrliches Gefühl mit anzusehen, wie ein Mensch vor Verblüffung blass wird!

Authentizität ist wichtig

Ehrliche Sympathie für Mitmenschen kann Wunderbares bewirken. Unehrliches Schauspielen hingegen führt über kurz oder lang zu Misserfolg, Unglück und letztendlich massiven negativen Rückwirkungen. **Authentizität heißt das Zauberwort.** Wenn Sie nicht gemäß Ihres Denkens und Fühlens handeln, werden Sie die ungenießbaren Früchte Ihres unstimmigen Verhaltens ernten. Die Kunst liegt darin, die jedem Menschen innewohnende Herzlichkeit und Offenheit gegenüber Mitmenschen auch äußerlich zu vermitteln.

An diesem Punkt angekommen, stellen mir viele Menschen die Frage: »Aber wie kann ich jemanden, den ich nicht mag und für den ich keine positiven Gefühle empfinde, sympathisch finden und ihn annehmen?« Sie müssen nicht jeden zu Ihrem besten Freund machen wollen. Es geht vielmehr darum, dass Sie lernen, jedem Mitmenschen eine Basis anzubieten, auf der Sie miteinander auskommen können. Der andere wird Ihnen deswegen nicht gleich um den Hals fallen, aber man kann es durchaus bewerkstelligen, trotz aller persönlichen Unterschiede eine gemeinsame Ebene zu finden. Diese Fähigkeit ist wichtig, um im Beruf Erfolg zu haben, denn dort haben Sie es zwangsläufig mit Menschen zu tun, die ganz andere Interessen vertreten als Sie. Wenn Sie lernen, sympathisch zu sein, verschwindet so manches zwischenmenschliche Problem aus Ihrem Leben, und es öffnen sich auf einmal Türen, wo zuvor dicke Mauern waren.

Machen Sie den Spiegeltest!

Wollen Sie lernen, wie man sympathisch wird, so dass es für andere spürbar ist? Dann stellen Sie sich vor einen Spiegel. Wen oder was sehen Sie? Beschreiben Sie diese Person. Wie sieht sie aus? Finden Sie diesen Jemand, der Sie aus dem Spiegel heraus ansieht, sympathisch? Finden Sie ihn attraktiv und ansprechend oder eher das Gegenteil davon? Machen Sie sich das alles bewusst, denn genau so wirken

Sie auch auf andere Menschen. Das, was Sie von sich denken, während Sie sich begutachten, denkt sich mit großer Wahrscheinlichkeit auch die Mehrzahl der Menschen, die Ihnen begegnen. Finden Sie Ihre Ausstrahlung optimal? Was müsste geschehen, damit andere Sie sympathisch finden? Oder anders: Was müsste geschehen, damit Sie selbst Ihr eigenes Spiegelbild sympathisch finden?

Betrachten Sie sich im Spiegel und versuchen Sie, sympathisch zu sein. Kommen Sie, da geht noch mehr.

Eine Brücke der Sympathie

Es ist wichtig, dass Sie einen möglichst guten ersten Eindruck machen und andere Menschen sprichwörtlich von Beginn an beeindrucken. Die entscheidende Frage ist: Wie wird man sympathisch?

Sympathisch werden Sie, wenn Sie Ihre Aufmerksamkeit in Bezug auf Ihr Gegenüber auf etwas lenken, was Sie selbst gut finden. Es kann die neue Frisur sein, eine schicke Hose, ein nettes Lächeln oder eine angenehme Stimme. Ganz gleich, für was Sie sich entscheiden, sorgen Sie nur dafür, dass Sie Ihre Aufmerksamkeit mit diesem positiven Aspekt Ihres Gegenübers erfüllen. Falls Sie bei einer Person nichts Positives finden können, denken Sie sich: »Ein derartiges Ekelpaket habe ich ja noch nie getroffen.« – und bewundern Sie sie dafür.

Sie richten Ihre Aufmerksamkeit auf etwas Gutes am Gegenüber und strahlen Sympathie und Wohlwollen für den anderen aus. Durch diesen Vorgang bauen Sie eine Brücke der Sympathie, die der andere bewusst oder unbewusst wahrnehmen wird. Der andere kann gar nicht anders als Sie sympathisch zu finden. Menschen, die uns mit Wohlwollen gegenübertreten, öffnen wir uns. Entscheidend ist nur, dass Sie den ersten Schritt machen.

Der erste Eindruck und die Kunst des Händeschüttelns

Der erste Eindruck, den andere von Ihnen haben, ist nach spätestens sieben Sekunden entstanden. Was Sie in dieser Zeit sagen, ist relativ nebensächlich. Entscheidend sind primär Ihr Auftreten und Ihre Ausstrahlung. Ein Großteil Ihres Erfolgs kristallisiert sich genau in diesem Moment heraus.

Eine wichtige Fähigkeit in diesem Zusammenhang ist die Kunst des Händeschüttelns. Das Händeschütteln ist eine der wenigen in unserer Gesellschaft legitimierten Berührungen, die mit Fremden praktiziert wird. Richtig angewandt, kann sie eine Verbindung zwischen zwei Menschen aufbauen, Barrieren beseitigen, Misstrauen abbauen und ein positives Klima schaffen. Über den Händedruck können Sie den anderen im Innersten im wahrsten Sinne des Wortes »berühren«. Der Händedruck sollte kurz, aber erfüllend sein. Wichtig ist der Augenkontakt. Ein warmherziger Blickkontakt schafft und verstärkt eine gute Beziehung.

Um einen optimalen ersten Eindruck zu hinterlassen, sollten Sie Ihre Aufmerksamkeit bei Ihrem Gegenüber auf etwas lenken, was Sie sympathisch finden, dieses Wohlwollen dem anderen gegenüber ausstrahlen und dies mit einem kurzen, festen Händedruck, einem warmherzigen Blickkontakt und einem Lächeln unterstützen.

Die zweite Chance – der zweite Eindruck

Ist der erste Eindruck danebengegangen? Sie haben noch eine zweite Chance. Viele Menschen kennen **die Macht des zweiten Eindrucks** nicht. Er kann direkt nach dem ersten oder auch erst beim nächsten Aufeinandertreffen geschaffen werden. Spätestens dann vertieft sich der erste Eindruck zur bleibenden Meinung. War der erste Eindruck negativ, kann man ihn beim zweiten Mal noch korrigieren. Entscheidend dafür ist die Ehrlichkeit dessen, was Sie denken, sagen und tun. Wenn Sie ein Kompliment aussprechen, müssen diese Worte Ihrer inneren Überzeugung entsprechen – sonst bewirken sie das Gegenteil.

Für einen gelungenen zweiten Eindruck beachten Sie Folgendes:

- Lenken Sie Ihre Aufmerksamkeit auf etwas Positives an Ihrem Gegenüber.
- Seien Sie liebevoll und freundlich.
- Machen Sie bewusst ehrliche Komplimente. Seien Sie offen und lassen Sie das den anderen spüren und hören.

Der zweite Eindruck besteht im Wesentlichen darin, den Fokus nochmals verstärkt auf die positiven Seiten des anderen zu richten und diese nicht nur wahrzunehmen, sondern dem Gegenüber auch **mitzuteilen**. Das wäre übrigens auch in vielen Partnerschaften eine große Hilfe. Es reicht nicht aus, dass Sie Ihren Partner lieben – Sie müssen es ihm auch immer wieder sagen!

Diese Regel gilt auch für alle anderen Menschen, die in Ihrem Leben eine Rolle spielen. Entdecken Sie immer wieder aufs Neue etwas Positives am anderen und sagen Sie es ihm. Wenn Sie jemanden auf seine positiven Seiten aufmerksam machen, wird er sich in Ihrer Gegenwart wohlfühlen, Sie schätzen und Sie das auch spüren lassen. Durch Ihre Ausstrahlung findet Sie der andere sympathisch. Sie bekommen von Ihrem Gegenüber immer das zurück, was Sie in ihm sehen und auf ihn ausstrahlen. Bei genauem Hinsehen werden Sie bei jedem Menschen immer wieder neue positive Seiten finden.

Das Gesetz der Sympathie in Kürze:

- Sympathisches Auftreten muss echt sein. Gespielt bewirkt es über kurz oder lang das Gegenteil.
- Durch das Fokussieren einer positiven Eigenschaft am Gegenüber errichten Sie eine Brücke der Sympathie.
- Der erste Eindruck entsteht nach spätestens sieben Sekunden und kann durch die Kunst des Händeschüttelns positiv unterstützt werden.
- Für einen optimalen ersten Eindruck sollten Sie beim Gegenüber Ihre Aufmerksamkeit auf etwas lenken, was Sie sympathisch finden, das Wohlwollen ausstrahlen und dies mit einem kurzen, festen

---

Händedruck, einem warmherzigen Blickkontakt und einem Lächeln unterstützen.

- Die Macht des zweiten Eindrucks wird von vielen Menschen unterschätzt; sie kann den ersten Eindruck noch korrigieren.

- Um dauerhaft auf andere sympathisch zu wirken, suchen Sie neue positive Eigenschaften an Ihren Mitmenschen und benennen diese auch mit Worten.

Was jetzt zu tun ist:

- Suchen Sie bei Ihren Mitmenschen nach positiven Eigenschaften, kommunizieren Sie diese und üben Sie die Kunst des Händeschüttelns.

- Verbessern Sie da, wo Sie keinen guten ersten Eindruck hinterlassen haben, durch die Macht des zweiten Eindrucks Ihr Image.

- Verbessern Sie Ihr Selbstbild, indem Sie lernen, sich selbst sympathisch zu finden.

14. Das Gesetz des richtigen Umfelds

Gewinner umgeben sich mit Gewinnern

Haben Sie sich schon einmal gefragt, warum prominente Leute immer ebenso Prominente zu ihren Freunden zählen? Generell ist die Regel »Gleich und gleich gesellt sich gern« zu beobachten, wenn sich z.B. reiche Menschen mit anderen Reichen, Profisportler mit Berufskollegen oder Unternehmer wie Bill Gates oder Dietmar Hopp mit ähnlich erfolgreichen Geschäftsleuten umgeben. Woran mag das liegen?

Was ist der Grund dafür, dass erfolgreiche Männer und Frauen meist ihnen ebenbürtige Leute in ihrem Umfeld haben? Sicherlich wird dieser Umstand auch dadurch begünstigt, dass man ab einem gewissen Lebensstandard hauptsächlich mit gleichrangigen Menschen verkehrt, beruflich wie privat. Doch die wahren Hintergründe liegen woanders. Das Ganze wird von den Erfolgspersönlichkeiten bewusst gesteuert.

Wenn Sie die Entscheidung getroffen haben, ein Gewinner zu werden und auf möglichst allen Ebenen Ihres Lebens Erfolg zu verwirklichen, ist es eine ganz wesentliche Aufgabe, sich nicht nur innerlich, sondern auch all das, was um Sie herum geschieht, auf dieses Ziel auszurichten. Wenn Sie ein Gewinner sein wollen, reicht es nicht aus, alle notwendigen körperlichen und geistigen Fähigkeiten dafür zu besitzen. Sie müssen Ihr Umfeld ebenfalls darauf abstimmen. Die Frage lautet: »Mit wem umgebe ich mich?«

Profis brauchen Profis an ihrer Seite! Warum kehren so viele Sportler nach dem Ende ihrer Karriere als Trainer oder Manager ins Rampenlicht zurück? Im Fußball ist diese Tendenz schon seit jeher zu verfolgen. Ehemalige Topspieler wie Franz Beckenbauer, Uli Hoeneß, Felix Magath oder Bernd Schuster wurden mit der Aufgabe verpflichtet, den Verein mit ihrem Wissen über die Gesetze des Erfolgs nach oben zu führen. Dabei sind ehemalige Profispieler rein fachlich gesehen oftmals keinen Deut fähiger als gelernte Übungsleiter oder Diplomtrainer. In diesem Fall spielen vor allem die persönliche Erfahrung und die gesamte Persönlichkeit eine Rolle, ganz nach dem Motto: »Der weiß, wie es geht – er hatte ja Erfolg.«

Suchen Sie sich Mentoren und Vorbilder

Der wesentliche Aspekt, warum sich Topleute untereinander vernetzen und sich als Berater ehemalige Spitzenkräfte aussuchen, liegt darin, dass sie sich gegenseitig etwas Entscheidendes geben können. Sie können sich in den anderen hineinversetzen und haben bereits bewiesen, dass sie selbst die Gesetze des Erfolgs verstanden und praktisch umgesetzt haben. Mit diesem Wissen unterstützt man sich gegenseitig – die Spielregeln des Erfolgs sind universell und branchenübergreifend. Wer die Gewinner-Gesetze einmal verstanden hat, kann dieses Wissen in jeden Bereich transferieren. Dass die Stars dieser Welt untereinander ein verschworenes Grüppchen bilden, hat also vorrangig nichts mit elitärer Cliquenbildung zu tun.

Wenn Sie ganz nach oben wollen, müssen Sie sich an Leuten orientieren, die schon an der Spitze waren oder derzeit dort stehen. Wenn Sie in einem bestimmten Bereich Erfolg haben möchten, suchen Sie nach Menschen, denen das bereits gelungen ist. Finden Sie Mentoren und Vorbilder! Um Erfolg im Leben zu haben, müssen Sie sich mit solchen Gewinnern umgeben und deren Wissen in sich aufsaugen. Wenn Sie keinen persönlichen Kontakt zu Ihrem Mentor aufbauen können, versuchen Sie, alle Bücher zu lesen, die diese Person geschrieben hat. Wir leben in einer Zeit, in der es jedem möglich ist, sein Wissen der Nachwelt zu hinterlassen. Mentoren sind unersetzlich für Ihren Erfolg, denn durch sie können Sie Ihr Wissen erweitern und Dinge lernen, die Ihnen Ihr ganzes Leben lang weiterhelfen. Lernen Sie, so viel es geht, und schaffen Sie sich ein Umfeld, das Sie auf dem Weg zu Ihren Zielen unterstützt.

Mentoren, Berater und Vorbilder zu haben ist wichtig. Die besten Sportler und die erfolgreichsten Unternehmen dieser Welt haben alle solche Impulsgeber, von denen sie lernen und von denen sie sich Ratschläge holen. Ohne diesen Prozess bleibt man in der eigenen Entwicklung stehen. Suchen Sie sich mehrere Mentoren, die Ihnen in den unterschiedlichsten Lebensbereichen als Beispiel dienen. Da kein Mensch perfekt ist, kann ein Vorbild im beruflichen Bereich ein vollkommener Versager auf der zwischenmenschlichen Ebene sein. Versuchen Sie nicht, den Mentor zu kopieren, sondern nutzen Sie ihn als Inspiration für einen bestimmten Bereich Ihres Lebens. Grundsätzlich können Sie von jeder Person etwas lernen. Wichtig ist, dass Sie Ihren Blick dafür schärfen, herauszufinden, was Sie speziell von demjenigen lernen können. Wenn Sie bereit sind, sich zu öffnen und weiterzuentwickeln, können Sie in den unglaublichsten Situationen wertvolle Erkenntnisse erhalten.

Aus Negativbeispielen lernen

Vor einigen Jahren saß ich in einem Vortrag. Ich kannte den Redner – und war kein Fan von ihm. Relativ missmutig saß ich da, ermahnte mich aber innerlich, da ich schon damals die Einstellung hatte, dass man im Endeffekt von jedem etwas lernen kann, und verfolgte den Vortrag mehr oder weniger konzentriert. Nach einiger Zeit fiel mir auf, dass nicht nur ich den Vortrag schrecklich fand, sondern auch die Mehrheit des Publikums. Langeweile und Unruhe machten sich breit. Ich begann mitzuschreiben, was mir negativ an dem Referenten auffiel. Am Ende hatte ich einige Punkte notiert, die ich an mir selbst überprüfen wollte, um diese Fehler nicht auch zu machen. Nach dem Vortrag kam ich mit mehreren Besuchern der Veranstaltung ins Gespräch. Ich bekam mindestens noch mal so viele Punkte zu hören, die den anderen Teilnehmern unangenehm aufgefallen waren, und stieß dabei auf Aspekte, die ich selbst nicht auf meiner Liste stehen hatte. An diesem Tag lernte ich sehr viel darüber, wie man Vorträge auf keinen Fall halten sollte. Zwar hatte ich nicht direkt durch den Redner etwas gelernt, doch aus der Gesamtsituation allemal. Merken Sie sich: **Lernen Sie nicht nur von den Besten, sondern auch von negativen Beispielen!**

Hüten Sie sich vor Verlierer-Typen

Um eine Gewinner-Persönlichkeit zu werden, sollten Sie sich nichtsdestotrotz mit Menschen umgeben, von denen Sie lernen und profitieren können. Gehen Sie offen auf den Betreffenden zu und bitten Sie ihn um Unterstützung und Rat. Mehr als ein »Nein« werden Sie nicht zu hören bekommen, und meiner Erfahrung nach sind die meisten Menschen mehr als bereit, einem weiterzuhelfen, wenn man deutlich macht, dass man von ihnen lernen möchte.

Verbannen Sie Verlierer-Typen aus Ihrem Netzwerk. Die Frage ist: »Welcher Mensch in Ihrem Umfeld tut Ihnen nicht gut und kostet Sie mehr Energie als er Ihnen gibt?« Prüfen Sie, ob es nicht besser wäre, derartige Beziehungen zu beenden. Das bedeutet **auf keinen Fall**, dass Sie sich nur mit erfolgreichen Menschen umgeben und alle anderen aus Ihrem Umfeld verbannen sollen! Freunde findet und trägt man im Herzen! Es geht nicht um die Ablehnung weniger erfolgreicher Menschen, denn auch Personen, die z.B. auf materieller Ebene keinen Wohlstand verwirklicht haben, können die wunderbarsten Freunde sein. Hüten Sie sich davor, Menschen in Erfolgsklassen einzusortieren. Versuchen Sie lediglich Ihr Netzwerk an Partnern dahingehend zu optimieren, dass Sie Kontakt zu Gewinner-Typen suchen, von denen Sie für die Erreichung Ihrer Ziele lernen können. **Personen, die Sie von Ihren Zielen abzubringen versuchen oder diese blockieren, gehören allerdings aussortiert.**

Wichtig bei diesem »Aussortieren« ist, dass Sie prüfen, ob

diese Unstimmigkeit nicht nur für eine bestimmte Ebene gilt. Ich habe eine enge Freundin, die ich von Herzen schätze und mag. Die Chemie zwischen uns war von Anfang an gut, und so entschlossen wir uns vor ein paar Jahren, eine gemeinsame Firma zu gründen. Auf dieser geschäftlichen Ebene waren wir allerdings extrem unterschiedlich veranlagt – an eine erfolgreiche Partnerschaft war nicht zu denken. Als ich erkannte, dass meine beruflichen Ziele mit ihr nicht zu erreichen waren, führte ich ein Gespräch mit ihr und löste die berufliche Partnerschaft auf. Wir sind nach wie vor enge Freunde und verstehen uns bestens. Auf der privaten, freundschaftlichen Ebene funktioniert unsere Beziehung wunderbar. Trennen Sie sich von allem, was Sie auf Ihrem Weg zum Gewinner behindert und tragen Sie gleichzeitig wahre Freunde für immer im Herzen.

Das Gesetz des richtigen Umfelds in Kürze:

- Gewinner umgeben sich mit Gewinnern.
- Gewinner richten ihr komplettes Umfeld auf Erfolg aus.
- Gewinner haben Vorbilder oder Mentoren und lernen von ihnen – so viel, wie nur möglich.
- Nicht nur von den Besten kann man lernen, sondern auch von negativen Beispielen.
- Wenn Sie etwas erreichen wollen, sollten Sie sich an Menschen orientieren, die dies bereits erreicht haben.

- Vermeiden Sie den Kontakt und die Zusammenarbeit mit Menschen, die Ihren persönlichen Erfolg blockieren.

Was jetzt zu tun ist:

- Beginnen Sie Ihre persönliche Umfeld-Analyse. Legen Sie auf einem Blatt Papier zwei Spalten an. Listen Sie in der linken Spalte alles auf, was in Ihrem Umfeld Sie auf Ihrem Weg zum Erfolg unterstützt. In die rechte Spalte schreiben Sie alle Erfolgsverhinderer in Ihrem Umfeld. Denken Sie dabei nicht nur an Menschen. Versuchen Sie in den nächsten Wochen, die linke Spalte zu erweitern, d. h. Ihre Erfolgsförderer zu vermehren. Eliminieren Sie gleichzeitig nach und nach alle Erfolgsverhinderer der rechten Spalte.
- Suchen Sie sich Mentoren und Vorbilder! Wer hat bereits erreicht, was Sie erreichen wollen? Versuchen Sie, Kontakt mit dieser Person aufzunehmen, und bitten Sie sie um Unterstützung. Wenn das nicht möglich ist, lesen Sie alles, was es zu diesem Thema zu lesen gibt, oder besorgen Sie sich Hörbücher dazu.

15. Das Gesetz der Disziplin

Machen Sie keine Ausnahmen mehr!

Die letzte Woche im Dezember ist angebrochen, und der Jahreswechsel steht vor der Tür. Spätestens jetzt beginnen viele Menschen, sich Gedanken über ihre derzeitige Lebenssituation und ihre Laster zu machen, und formulieren in ihrem Kopf gute Vorsätze fürs kommende Jahr. Falls auch Sie einer der »Guten-Vorsatz-Junkies« sind: Sparen Sie sich die Zeit und die Energie, die Sie für solche Pseudo-Vorsätze verschwenden!

Natürlich ist die Grundintention dieses Vorgangs im Kern richtig. Die eigene Lebenssituation zu reflektieren und sich zu überlegen, was man verändern möchte, sind wunderbare Ansätze, um seinem Leben eine entscheidende Wende zum Positiven zu geben. Leider ist es eben aber auch nicht mehr als nur ein Ansatz, denn um nachhaltige Veränderungsprozesse in Gang zu setzen und wirklich etwas bewegen zu können, benötigt man etwas mehr als einen gut gemeinten Vorsatz.

Es ist wichtig, sich konkrete Ziele zu setzen – und zwar schriftlich. Zu meinen, man habe seine Ziele im Kopf, ist ein Trugschluss. Denn sobald Ihr Bewusstsein wieder mit etwas anderem beschäftigt ist, beispielsweise den Aufgaben im Beruf oder in der Familie, sind alle Pläne sofort wieder vergessen. So kann das nichts werden! Wenn Sie sich dagegen Ihre Ziele aufschreiben und den Zettel an einem

Ort platzieren, wo er Ihnen häufig unter die Augen kommt, können Sie Ihre Gedankenkraft immer wieder neu auf die formulierten Ziele ausrichten.

Darüber hinaus müssen die gesetzten Ziele auf Ihre Motive hin untersucht werden. Sie müssen die Frage nach dem inneren Beweggrund beantworten können. Warum wollen Sie dieses Ziel erreichen? **Ohne ein Bewusstsein über Ihre Motive sind alle Ziele, Wünsche und Vorsätze Schall und Rauch.**

Erstellen Sie Absichtserklärungen!

Wenn man diese Schritte abgeschlossen hat, benötigt man eine entscheidende Gewinner-Eigenschaft, um die »guten Vorsätze« in echte **Absichtserklärungen** zu verwandeln. Diese Eigenschaft, die unersetzlich für die nachhaltige Umsetzung eines Vorhabens ist, ganz gleich ob beruflich oder privat, lautet **Disziplin**!

Ohne Disziplin werden Sie im Leben nirgendwohin kommen. Zumindest nicht dorthin, wohin Sie gerne möchten, nämlich in die Häfen des Erfolgs, des Glücks und der persönlichen Weiterentwicklung. Zielsetzung und Motivfindung sind die Karosserie des Automobils »Erfolg«. Disziplin ist das Benzin. Wenn Sie keine Disziplin aufbringen können, um Ihren Lebenszielen entgegenzustreben, haben Sie keine Chance, auch nur in die Nähe des Erfolgs zu kommen. Gewinner-Persönlichkeiten zeichnen sich generell durch ein hohes Maß an Disziplin aus – vielleicht nicht in jedem Aspekt ihres Lebens, aber auf jeden Fall in den Bereichen, in denen es ihnen wichtig ist und in denen sie tatsächlich Erfolg haben wollen.

Disziplin ist etwas Positives

Das Wort »Disziplin« hat in unserer Gesellschaft keinen besonders guten Ruf. Meiner Ansicht nach wird Disziplin in einem falschen Licht gesehen, wodurch es mit vielen negativen Assoziationen belegt ist. Disziplin darf nicht mit Begriffen wie Unterwürfigkeit, Militärdrill oder Selbstgeißelung verwechselt werden. Das passende Synonym zu Disziplin ist der Begriff »Ordnung«. Diese Bezeichnung trifft den Nagel auf den Kopf: **Jemand, der seine innere Ordnung gefunden hat, ist diszipliniert.**

Sucht man nach Antonymen von Disziplin, so stößt man schnell auf den Begriff »Ungehorsam«. Ungehorsam bedeutet, dass man nicht hören will. Im Bezug auf die Selbstdisziplin heißt das, dass man seine innere Stimme nicht hören will und sich somit der Zügellosigkeit, ebenfalls ein Gegenwort von Disziplin, unterwirft. Jemand, der zügellos lebt, hat die Kontrolle über sein Leben und seinen eigenen Willen abgegeben, was natürlich ein K.o.-Kriterium für ein mögliches Leben als Gewinner ist.

Ich möchte Sie dazu ermutigen, sich einer neuen Sichtweise zu öffnen. Meine Definition der Gewinner-Eigenschaft Disziplin lautet: **»Disziplin ist die Macht der Kontrolle über den eigenen Willen sowie die eigenen Gefühle und Neigungen, um persönliche Zielsetzungen zu erreichen.«**

Wollen Sie oder möchten Sie nur?

An dieser Stelle sind wir an einem entscheidenden Punkt angelangt. Nämlich an der essenziellsten aller Fragen, die Sie sich stellen müssen, wenn Sie eine Veränderung in Ihrem Leben herbeiführen möchten: »**Wollen Sie oder wollen Sie nicht?**«

Eine einfache Frage, nicht wahr? Vielleicht denken Sie jetzt: »Na klar will ich. Ist doch keine Frage.« Machen Sie es sich nicht zu leicht. Es gibt einen Unterschied zwischen »mögen« und »wollen«. Ein Beispiel aus meiner Berufspraxis als Mentalcoach.

Vor ein paar Jahren arbeitete ich mit einem Athleten aus dem Schwimm-Leistungssport zusammen. Er war ein großes Talent, doch es mangelte ihm an konstanter, disziplinierter Arbeit. Manchmal erreichte er nur 70 Prozent seines tatsächlichen Leistungsvermögens. Um erfolgreich zu sein, reichte das nicht aus, was ihn sehr frustrierte und zweifeln ließ, ob er seine Ziele jemals erreichen würde. Wir besprachen seine Karriereziele sowie die notwendigen Schritte auf dem Weg dorthin und optimierten seine Zielorientierung.

Während eines Trainings lehnten wir im Wasser am Beckenrand nebeneinander, und ich stellte ihm die entscheidende Frage: »Willst du das wirklich erreichen?« Er antwortete: »Natürlich, wozu trainiere ich denn sonst?!« Ich erwiderte: »Ich weiß, dass du diese Ziele erreichen möchtest. Ich frage dich aber, ob du es wirklich willst.« Die Fragezeichen in seinen Augen wurden noch größer, und er sagte: »Klar will oder möchte ich das. Das ist doch das Gleiche.«

Nun war es an der Zeit, ihm den Unterschied zwischen »wollen« und »mögen« klarzumachen. Ich sagte zu ihm: »Du möchtest doch im Wasser auf keinen Fall ertrinken, oder?« Er meinte: »Das möchte ich in der Tat nicht.« Ich erwiderte: »Bist du bereit für ein Experiment?« Er bejahte.

Urplötzlich warf ich mich auf ihn und drückte ihn unter Wasser. Am Anfang nahm er das Ganze nicht sehr ernst, so dass er es ziemlich wehrlos mit sich geschehen ließ. Als er merkte, dass ich ihn nach einigen Sekunden immer noch nach unten drückte, wurde er plötzlich aktiver, bis er sich mir mit aller Macht entgegensetzte. Ich ließ ihn wieder an die Wasseroberfläche kommen, damit er Luft holen konnte. Er tauchte auf und schrie mich empört an.

Als er sich wieder beruhigt hatte, erklärte ich ihm den Sinn dieses Experiments: »Zu Beginn war deine Einstellung ein ›Mögen‹. Als du länger im Wasser warst, hat sich etwas an der Einstellung in deinem Kopf verändert. Am Ende hattest du einen sehr ausgeprägten Willen. Du hast alles in deiner Macht Stehende getan, um dein Ziel zu erreichen, bist aktiv geworden und warst im Endeffekt zu fast allem bereit, um wieder an die Luft zu kommen. Das war ein echtes ›Wollen‹ – kein ›Mögen‹. Um deine Ziele zu erreichen, reicht es nicht aus, dass du sie nur erreichen ›möchtest‹. Du musst es ›wollen‹ und zu 100 Prozent aktiv werden. Es darf in deinem Kopf nichts anderes mehr geben, als dieses Ziel zu fokussieren und alles dafür zu tun. Wenn du es wirklich willst, kannst du sehr viel erreichen. Mit ›Mögen‹ kommst du nirgendwo an.« Nun begann er zu verstehen, denn zum ersten Mal spürte er bewusst, wie es sich anfühlt, etwas unbedingt zu »wollen«. Er bedankte sich bei mir und leitete eine entscheidende Wende in seinem Leben ein – aufgrund einer veränderten Einstellung. Ich gebe zu, meine damalige Methode war etwas radikal. Heute würde ich das nicht mehr so machen.

Disziplin bedeutet, etwas wirklich zu wollen und das gesamte Denken und Handeln darauf auszurichten. Ohne diese Eigenschaft helfen die schönsten Zielsetzungen im Leben nichts, denn wirklich große Ziele sind anders nicht zu erreichen. **Die Macht, die in Ihrem freien Willen liegt, besteht nicht in der Freiheit, das zu tun, was Sie tun möchten, sondern vielmehr in der Chance, das zu tun, was jetzt zu tun ist, auch wenn Sie dabei innerlich an Grenzen stoßen.**

Bereiche Ihres Lebens auf Erfolg ausrichten können Sie nur:
- wenn Sie den tiefen Wunsch haben, etwas zu schaffen,
- wenn Sie die Fähigkeiten zur Umsetzung besitzen und
- wenn Sie den absoluten inneren Willen aufbringen, mit letzter Konsequenz dafür aktiv zu werden.

Stellen Sie sich die folgenden zwei Fragen. Erstens: »Wie sieht mein Leben in fünf bis zehn Jahren aus, wenn ich so undiszipliniert weitermache wie bisher?« Was passiert, wenn Sie alles so belassen wie bisher? Welchen Verlauf wird Ihr Leben nehmen? Wollen Sie das?

Zweitens: »Wenn ich mich jetzt durch diszipliniertes Verhalten ändern würde, wie sähe mein Leben in fünf bis zehn Jahren aus?« Stellen Sie sich beide Szenarien möglichst in allen Details vor. Was davon wollen Sie? Der Unterschied zwischen diesen zwei Möglichkeiten ist eine einzige Entscheidung, die Sie jetzt treffen könnten: Was wollen Sie? Entscheiden Sie sich für Disziplin und den damit einhergehenden Erfolg – oder für das Gegenteil?

Geben Sie Ausflüchten keine Chance!

Eliminieren Sie alle Ausreden und Ausnahmen in Ihrem Leben. Wenn Sie z. B. etwas für Ihre Kondition tun wollen und vier Mal in der Woche joggen gehen sollten, erstellen Sie sich einen Plan und laufen Sie konsequent zu diesen Zeiten. **Ohne Ausnahme!** Egal ob es schneit, Sie noch einkaufen gehen müssen oder der Arbeitstag stressig war. Wenn Sie mehr Zeit für sich und Ihre Familie zur Verfügung haben wollen, planen Sie diese Zeit fest ein und sagen Sie andere Termine ab. Ein einfaches »Nein!« wirkt oftmals Wunder! Bleiben Sie konsequent und schieben Sie nichts auf. Ausreden und Ausnahmen, um etwas nicht tun zu müssen, lassen sich immer finden. Doch mit dieser Verlierer-Einstellung bleibt man zuverlässig in der eigenen Unzufriedenheit und Erfolglosigkeit stecken. Verabschieden Sie sich von Ihrer Bequemlichkeit und allen selbst erfundenen Ausreden. Schluss mit dem Gejammere und dem Abschieben von Schuld auf irgendwelche ungünstigen Umstände! Seien Sie besonders in schwierigeren Phasen diszipliniert und aktiv, denn gerade in diesen Zeiten kann Ihre Persönlichkeit wachsen. **Die Frage ist nicht, ob Sie erfolgreicher werden können, sondern ob Sie es mit aller Konsequenz wollen!** Worauf warten Sie noch?

Das Gesetz der Disziplin in Kürze:

- Gute Vorsätze bringen keinen Erfolg im Leben.
- Disziplin ist der entscheidende Faktor, um aus Vorsätzen erfolgversprechende Absichtserklärungen zu machen.
- Disziplin ist das Benzin Ihres Fahrzeugs »Erfolg«.
- Disziplin ist keine Selbstgeißelung, sondern das Finden der inneren Ordnung.
- Die entscheidende Frage für den Erfolg Ihrer Vorhaben lautet: »Wollen Sie oder wollen Sie nicht?«
- Mit »Mögen« kommt man nirgendwohin, mit »Wollen« hingegen kann man Großes erreichen.
- Jammern, Ausreden und Ausnahmen haben in Ihrem Leben als Gewinner nichts zu suchen.

Was jetzt zu tun ist:

- Machen Sie sich Ihre Ziele und Motive schriftlich klar.
- Erstellen Sie eine Liste mit Bereichen, in denen Sie disziplinierter werden wollen. Dokumentieren Sie schriftlich Ihre Fortschritte.
- Beginnen Sie nicht mit dem Schwersten. Fangen Sie mit etwas Leichterem an und steigern Sie sich nach und nach.
- Trainingsvorschlag für Disziplin: Stehen Sie für mindestens drei Wochen jeden Tag 30 Minuten früher auf als gewohnt und lesen Sie in dieser Zeitspanne ein gutes Buch, das Sie weiterbringt.

- Ignorieren Sie Ablenkungen von außen. Bleiben Sie konsequent, ohne Ausnahme!
- Belohnen Sie sich selbst für Fortschritte in Ihrem disziplinierten Verhalten. Sie machen das richtig gut!

16. Das Gesetz des Fleißes

Um Erfolg zu haben, bedarf es 1 Prozent Talent und 99 Prozent Arbeit!

Als Jugendlicher hielt sich meine Begeisterung für die Schule in überschaubaren Grenzen, was sich auch in meinen Noten widerspiegelte. Mein mittelmäßiger Notenschnitt war einzig und allein meiner damaligen Faulheit zu verdanken. Da ich mehr Glück als Verstand hatte, musste ich zwar keine Klasse wiederholen, doch mein schulischer Erfolg hielt sich in einem ebenso überschaubaren Rahmen wie meine Neigung zum Lernen. Mit dieser genügsamen Einstellung schlug ich mich irgendwie durchs Schulleben, was sich aber auch auf andere Bereiche auswirkte.

Als ich acht Jahre alt war, zeigte sich meine Tennisbegabung. Ich nahm bald an Turnieren in ganz Bayern teil. Aufgrund meines offensichtlich vorhandenen Talents, das mir viele Trainer immer wieder bescheinigten, kam ich zu dem Schluss, dass es im Tennis wohl auch so klappen würde wie in der Schule. Wenig Aufwand, großer Ertrag. Doch mit dieser Einstellung landet man nirgendwo als im Niemandsland der Erfolglosigkeit. Erfolg ist so nicht möglich – und Gewinner verhalten sich anders.

In Deutschland spricht man viel zu viel über Talent und bewertet diesen Faktor maßlos über. **Wegen seines Talents ist noch kein Mensch zum Gewinner geworden.**

Natürlich ist eine gewisse Begabung von Vorteil, doch

Talent allein bringt keinen ans Ziel. Ohnehin stellt sich die Frage, was Talent überhaupt ist. Viele Menschen reduzieren es auf eine gewisse Leichtigkeit, mit der man etwas erlernen kann oder auf stärker ausgeprägte Eigenschaften, die jemand von Natur aus hat. Doch Talent ist noch viel mehr! Es ist zum Beispiel auch eine Art Talent, wenn man bereit ist, sich im Training anzustrengen oder die Disziplin aufzubringen, sich mittels Lehrgängen bzw. durch ein Fernstudium weiterzubilden. Es ist auch eine Art Talent, konsequent seine Ziele zu verfolgen, selbst wenn die Menschen um einen herum sagen, dass es so nichts werden kann. Talentiert zu sein kann Vieles bedeuten und wird von jedem anders definiert. Entscheidend für Sie ist eine andere Einstellung: **Der wichtigste Faktor für Ihren Erfolg ist nicht Talent, sondern Fleiß!**

Ohne Fleiß kein Preis!

Ein weit verbreiteter Motivationsspruch lautet: »Alles, woran du glaubst, wirst du schaffen.«

Richtig daran ist, dass der Glaube ein unverzichtbarer Erfolgsfaktor für das Erreichen gesetzter Ziele ist. Doch viele ziehen eine falsche Schlussfolgerung aus dieser »Weisheit«. Der Glaube kann zwar Berge versetzen. **Aber nicht der Glaube allein, denn nur durch das Glauben an etwas bewegt sich noch nichts.** Entscheidend ist, dass Sie etwas für Ihre Ziele tun. Man muss konsequent arbeiten und handeln. Der Glaube an Ihren Erfolg unterstützt Sie dabei und ist sehr wichtig, doch Sie müssen in erster Linie handeln, damit die Dinge ins Rollen kommen. Viele Menschen belassen es allerdings ausschließlich beim Glauben – und meinen, dass das genügt.

Es gibt Dinge, die wir nicht schaffen können, auch wenn wir noch so fest daran glauben. Wenn das ginge, würde ich mich sofort dafür entscheiden, als Model in der Karibik zu arbeiten. Doch egal, wie fest ich an dieses Ziel glauben würde, es gäbe keine Chance.

Es ist nicht wichtig, dass Sie alles erreichen können, woran immer Sie glauben, sondern, dass Sie ein Sie motivierendes Ziel finden und mit maximalem Fleiß arbeiten, um es zu erreichen. Der Glaube daran sowie Ihr eventuell vorhandenes Talent sind nichts anderes als ein Rückenwind, der Sie anschiebt.

Das Beispiel Thomas Muster

Der österreichische Tennisspieler Thomas Muster galt in seiner Jugend als relativ untalentiert. Ihn selbst ließ diese Bewertung kalt, denn er sagte: »Dafür bin ich motiviert.« Muster wurde in den 1980er- und 1990er-Jahren zu einem Vorzeigeathleten und war für seine grenzenlose Willensstärke, gepaart mit großer Leidenschaft, bekannt. 1989 war Muster mit nur 21 Jahren in der Weltspitze des Tennissports angekommen. Kurz danach wurde er von einem betrunkenen Autofahrer angefahren und schwer am Knie verletzt.

Experten aus der Tennisszene und Mediziner prognostizierten das Karriereende des Österreichers. Doch schon wenige Wochen nach der Operation gingen bewegende Fernsehbilder um die Welt. Mit komplett eingegipstem Bein saß Muster in einem eigens für ihn angefertigten Spezialstuhl auf dem Tennisplatz und trainierte im Sitzen für sein Comeback. Nach weniger als sechs Monaten Rehatraining kehrte er mit einem Match gegen den damaligen Weltranglistenersten Ivan Lendl zurück auf den Platz und gewann die Partie.

Der »untalentierte« Thomas Muster war ein unermüdlicher Arbeiter, der seine Ziele mit 100-prozentiger Konzentration verfolgte. In den 1990er-Jahren gewann er zahlreiche Turniere, darunter mit den French Open das wichtigste Sandplatzturnier der Welt. Er war zeitweise die Nummer eins der Weltrangliste. An seinem Beispiel können Sie erkennen: **Erfolg besteht zu 1 Prozent aus Talent, aber zu 99 Prozent aus Arbeit!**

Das Gleiche gilt im Berufsleben

Diese Gesetzmäßigkeit des Erfolgs gilt natürlich nicht nur im Sport. In einer Studie über wohlhabende Amerikaner gaben über 95 Prozent der befragten Selfmade-Millionäre an, den persönlichen Erfolg primär durch viel Fleiß und intensive Arbeit erreicht zu haben. Die entscheidende Frage, die Sie sich stellen müssen, lautet: »Wie viel Zeit und Aufwand bin ich bereit, in meine Ziele zu investieren?« In die folgenden drei Bereiche investieren echte Gewinner täglich:

1. das Arbeitsumfeld bzw. den Beruf,
2. die Pflege der Kontakte bzw. des persönlichen Netzwerks,
3. die Weiterentwicklung menschlicher und fachlicher Kompetenzen.

Jede Minute, die Sie für diese Bereiche aufbringen, ist eine Investition in Ihren Erfolg und in Ihr zukünftiges Leben als Gewinner.

Nehmen wir an, Sie arbeiten üblicherweise 40 Stunden in der Woche. Wo werden Sie in drei bis fünf Jahren beruflich stehen, wenn Sie so weitermachen wie bisher? Wenn Sie Glück haben, an der gleichen Stelle wie heute, Sie werden aber eher zurückfallen. Also erleben Sie eine Stagnation oder möglicherweise sogar einen Rückschritt.

Was würde passieren, wenn Sie jede Woche nur drei Stunden mehr Zeit investieren – entweder in Ihren Beruf, in die Pflege und Verbesserung Ihres Kontaktnetzwerks oder in Ihre persönliche Weiterentwicklung, sprich Ihre fachliche sowie menschliche Kompetenz? Das wäre jeden Tag eine halbe Stunde. Das kann jeder bewerkstelligen, der es ernst meint mit dem Erfolg im Leben! Wo werden Sie in fünf Jahren stehen, wenn Sie ab sofort jede Woche diese drei Stunden zusätzlich investieren? Ihre Lebenssituation dürfte sich verbessern und Ihr Erfolg zunehmen. **Durch Fleiß und Ausdauer rücken alle erstrebenswerten Ziele näher!**

Nicht allein die Anzahl, sondern auch die Qualität Ihrer Arbeitsstunden ist der zentrale Maßstab und Garant für Fortschritt. Verbessern Sie die Qualität Ihres Handelns. Geben Sie sich nicht mit dem aktuellen Stand zufrieden, sondern suchen Sie nach Optimierungsmöglichkeiten in allen Arbeits- und Lebensbereichen. Durch die Perfektionierung bestimmter Abläufe können Sie an Klasse gewinnen und meist auch Zeit einsparen.

Fragen Sie sich täglich: »Habe ich heute intensiv genug

für meine Ziele gearbeitet? Habe ich mein Bestes gegeben?« Denken Sie immer daran: **Wenn Sie mehr Erfolg erreichen wollen als der Durchschnittsmensch, müssen Sie auch intensiver für Ihren Erfolg arbeiten als er.**

Entscheiden Sie sich dafür, an Ihrem Arbeitsplatz mehr und vor allem qualitativ besser zu arbeiten. Organisieren Sie Ihr Arbeitsleben so, dass Sie ein wenig früher beginnen, den Tag über etwas intensiver arbeiten und ein bisschen länger bleiben als Ihre Kollegen. Das sind 30–60 Minuten am Tag, die Sie mehr für Ihren Arbeitgeber arbeiten. Diese kurze Zeitspanne, in der Sie wirklich ungestört arbeiten können, wird Ihre Produktivität enorm steigern! Dadurch wird sich Ihr Wert im und für das Unternehmen erhöhen, und Sie werden über kurz oder lang die Früchte Ihres Engagements ernten.

Konzentriertes Arbeiten ist wichtig

Eine weitere wichtige Grundregel: Wenn Sie in der Arbeit sind, arbeiten Sie! Laufen Sie nicht ständig zur Kaffeemaschine, um sich dabei jeweils zehn Minuten mit den Kollegen zu unterhalten. Dehnen Sie Ihre Mittagspause nicht unnötig aus und vermeiden Sie private Telefonate. In meiner Zeit als Manager in einer Bundesliga GmbH riefen mich täglich Leute an, die mehr oder weniger private Angelegenheiten mit mir besprechen wollten – oder zumindest Dinge, die nichts mit meiner beruflichen Tätigkeit zu tun hatten. Nicht nur, dass jedes Mal ein paar Minuten Gesprächszeit wie im Flug vergingen, ich wurde dabei auch jedes Mal aus meinem Arbeitsthema gerissen und musste mich wieder neu hineindenken. Das kostete fast mehr Zeit als das Telefonat an sich. Auf diese Weise verlor ich am Tag viel Zeit, und als ich begann, diesen Zustand abzustellen, war ich erstaunt, wie stark sich meine Produktivität verbesserte.

Wenn Sie arbeiten, dann seien Sie maximal produktiv und geben Sie Ihr Bestes! Ein Mitarbeiter mit einer solchen Einstellung ist ein wahres Goldstück für eine Firma! Wenn Sie das nächste Mal mit Ihrem Chef über Ihr Gehalt sprechen, wird man bestimmt bereit sein, einen der besten Mitarbeiter besser zu bezahlen. So machen Sie aus sich selbst einen Gewinner!

Das Gesetz des Fleißes in Kürze:

- Talent und Begabung werden oftmals überschätzt. Die zentralen Erfolgsfaktoren sind Fleiß und Arbeit.
- Der Glaube allein versetzt keine Berge. Es bewegt sich nur etwas durch fleißige, intensive Aktivitiät.
- Nicht alles, woran man glaubt, kann man erreichen. Aber: Um etwas erreichen zu können, muss man unbedingt daran glauben!
- Gewinner aus allen Branchen bestätigen: Erfolg ist in erster Linie intensive Arbeit. »Ohne Fleiß kein Preis!«
- Um mehr Erfolg als der Durchschnittsmensch zu haben, müssen Sie mehr und qualitativ besser arbeiten als er.

- Investieren Sie mehr Zeit in Ihren Job, die Pflege Ihres Kontaktnetzwerks sowie in die Verbesserung Ihrer fachlichen und menschlichen Qualitäten.
- Erhöhen Sie Ihre Produktivität! Wenn Sie arbeiten, dann mit vollem Einsatz. Stellen Sie Störungen ab und vertrödeln Sie keine Zeit.

Was jetzt zu tun ist:

- Fangen Sie etwas früher zu arbeiten an, und bleiben Sie länger. Ihr Chef wird hocherfreut sein!
- Investieren Sie täglich zu einer festgelegten Zeit mindestens eine halbe Stunde in die Verbesserung Ihrer fachlichen und menschlichen Qualitäten. Lesen Sie Bücher und bilden Sie sich fort. Wenn Sie sich stetig weiterentwickeln, stellt sich Ihr Erfolg automatisch ein.

17. Das Gesetz der eigenen Berufung

Würden Sie ab morgen auch gratis arbeiten?

Kennen Sie den Satz: »Ab morgen weht wieder ein anderer Wind.«? Eine Formulierung, die ich von meiner Großmutter immer am letzten Ferientag zu hören bekam. Mein Stimmungsbarometer hatte damals beim Gedanken an den ersten Schultag ohnehin schon den Nullpunkt erreicht. Die Ankündigung, dass morgen wieder »der Ernst des Lebens« losgehe, gab mir den Rest. Bei vielen berufstätigen Menschen herrscht das gleiche Muster vorher. Bereits die letzten Urlaubstage können sie sich nicht mehr richtig entspannen, da in Kürze die »schöne Zeit des Lebens« vorbei zu sein scheint und man sich wohl oder übel wieder der Arbeit zuzuwenden hat. Von irgendwas muss der Mensch ja schließlich leben. Es kann nicht immer alles nur Spaß machen. Was für ein Unsinn! Falls Sie solche Überzeugungen in sich tragen, sollten Sie daran etwas ändern, denn sie sind ein Garant für Misserfolg! So zu leben bedeutet, nur die eigene Unzufriedenheit zu verwalten.

Als ich vor vielen Jahren BWL studierte, befand ich mich in einer ganz ähnlichen Situation. Ich war glücklich während meiner Semesterferien und missmutig, wenn der Studienalltag wieder einsetzte. Am Montag wünschte ich mir den Freitag herbei. Endlich wieder Wochenende und Ruhe von der ungeliebten Tätigkeit! Dass dies nicht Sinn und Zweck eines erfüllten Lebens sein kann, wurde mir sehr bald klar, und ich begann, diesen Umstand schnellstmöglich zu ändern. Mit dem Ziel, das Geheimnis beruflicher Erfüllung zu finden, machte ich mich auf die Suche nach beruflich erfolgreichen und engagierten Menschen. Lange musste ich nicht suchen. Mein Vater war ein Paradebeispiel, wie man seinen beruflichen Traum leben kann. Er ist Chef einer Steuerkanzlei, die er aus dem Nichts aufgebaut und zu großem Erfolg geführt hat. Ein Steuerberater mit Leib und Seele. Bis heute widmet er einen sehr großen Teil seiner Lebenszeit seiner Lieblingsbeschäftigung, Menschen in steuerlichen Fragen zu beraten. Was für andere wie eine Horrorvision klingt, ist für ihn der Traum seines Lebens, den er seit Jahrzehnten in vollen Zügen auslebt. Sein Beispiel zeigte mir, dass berufliche Begeisterung und Erfolg in direktem Zusammenhang stehen. Ich selbst habe mich von der Illusion gelöst, einmal sein Nachfolger in dieser Firma zu werden, da mir hierzu die Begeisterung fehlte. Stattdessen begann ich, mir meinen eigenen Traumberuf zu suchen.

Doch was ist ein Traumberuf? Gibt es so etwas für jeden Menschen? Und wenn ja, wie erkennt man ihn?

»Beruf« kommt von »Berufung«

Im Laufe meiner Analyse beruflicher Gewinner-Typen stieß ich immer auf dasselbe Muster, das diese Menschen miteinander verband. Es handelt sich um klare Regeln, die unter konsequenter Beachtung zuverlässig zum persönlichen Traumberuf führen.

Räumen Sie mit Vorurteilen auf: »Man muss sich im

Schweiße seines Angesichts bei der Arbeit abrackern, denn man ist ja nicht zum Vergnügen da.« Ein völlig falscher Ansatz! Es geht auch anders!

Auf den Lösungsweg gelangt man schon bei der Betrachtung des Wortes »Beruf«, das vom Begriff »Berufung« kommt. Sie sollten keinem »Job« nachgehen, sondern vielmehr Ihre Berufung finden. Stellen Sie sich z. B. folgende Fragen: »Wozu bin ich berufen? Was ist meine Aufgabe? Was macht mich einzigartig?«

Lösen Sie sich beim Begriff »Arbeit« von Vorstellungen wie dem zwanghaften Absitzen einer vorgeschriebenen Zeit, in der man die vom Chef auferlegten Pflichten erfüllen muss. So etwas nennt man Sklavenarbeit. Der Beruf ist die Tätigkeit, mit der wir im Laufe unseres Lebens die meiste Zeit verbringen. Wie traurig ist es dann, wenn wir uns damit abfinden, den Großteil unserer ohnehin knapp bemessenen Lebenszeit mit einer Tätigkeit zu verbringen, die uns weder liegt noch viel Freude bereitet. Viele Menschen gehen den überwiegenden Teil ihres Lebens einer solchen ungeliebten Tätigkeit nach, nur um dadurch das Geld zu verdienen, das sie zum Leben brauchen. Viele Menschen malochen zwölf Monate lang ohne Begeisterung in einem Job, der es ihnen am Ende ermöglicht, davon zwei Wochen lang in den Urlaub zu fliegen – mit dem Vorhaben, sich während dieser Zeit vom kräftezehrenden Arbeitsjahr zu erholen. Ist das nicht paradox? Wir arbeiten eine halbe Ewigkeit auf eine kurze Erholungszeit hin, um uns in diesem knappen Zeitraum von dem langen Daraufhin-arbeiten erholen zu können.

»Wofür« statt »um zu«

Für viele Leute ist ihre Arbeit eine Tätigkeit, »um zu...«. Zum Beispiel um Geld zu verdienen. Das ist zwar durchaus ein angenehmer Nebeneffekt unserer beruflichen Beschäftigung, sollte aber nicht im Vordergrund stehen oder gar der zentrale Sinn und Zweck des Ganzen sein. **Ein Beruf ist nichts, wobei man arbeitet »um zu...«, sondern etwas, »wofür« man lebt.** Für welche Tätigkeit leben Sie, und ist diese Tätigkeit die Gleiche, mit der Sie auch Ihr Geld verdienen? Wenn nicht, warum nicht? Was hält Sie davon ab? Zum einen sind es Sätze wie: »Damit kann ich nicht das Geld verdienen, das ich zum Leben brauche.« Es gibt unendlich viele Möglichkeiten, und heutzutage kann man mit den unglaublichsten Ideen und Talenten Geld verdienen. Ich hatte in der Schule einen guten Freund, dessen Lieblingsbeschäftigung Computerspiele waren. Wenn er gefragt wurde, was er später mal machen wolle, antwortete er: »Computerspiele spielen.« Jeder lachte ihn aus. Wie sollte man denn damit jemals auch nur einen Cent verdienen können? Heute arbeitet mein Freund als gut bezahlter Redakteur bei einem der größten deutschen Zeitschriftenverlage für Computerspiele. Er testet die Neuerscheinungen des Marktes und verfasst im Anschluss daran Fachberichte in Form von Spieltests, die von Tausenden Jugendlichen gelesen werden. Halten Sie die Augen offen für Lösungen und leben Sie in diesem Chancenbewusstsein! Glauben Sie, Ihre Fähigkeiten, Talente und Begeisterungen für etwas wurden Ihnen umsonst in dieses Leben mitgegeben?

Finden Sie Ihren Traumberuf!

Die andere Variante, warum Sie sich Ihre Brötchen noch nicht in Ihrem Traumberuf verdienen, ist: Sie wissen noch gar nicht, was diese Tätigkeit sein soll. Kennen Sie Ihre wahre Berufung? Wenn nicht, so ist das keine Schande. Von 100 Menschen gehen höchstens zehn ihrer wahren Berufung nach. Der Rest arbeitet gar nicht oder schlägt seine Zeit mit einem ungeliebten Job tot, bis er in Rente geht, um hoffentlich noch ein paar glückliche Jahre erleben zu können. Was für eine traurige Perspektive!

Lassen Sie es nicht so weit kommen! Finden Sie Ihre wahre Berufung heraus und leben Sie sie. Die Wenigsten wissen konkret, was ihr Traumjob wäre. Sie wissen nur eins: »Das, was ich jetzt mache, ist es ganz sicher nicht.« Herzlichen Glückwunsch zu dieser großartigen Erkenntnis. Sie wissen also, was Sie nicht wollen. Hilft Ihnen das weiter? Nein! Fangen Sie an, sich Gedanken darüber zu machen, was Sie wirklich wollen!

Gestehen Sie sich ein, dass es nicht Sinn und Zweck sein kann, über 40 Jahre unzufrieden in einem Job abzusitzen, ohne dabei wirklich Erfüllung zu finden.

Stellen Sie sich vor, ein Boris Becker hätte sich als Metzger seine Brötchen verdienen müssen. Oder ein Elton John als Kfz-Mechaniker. Warum sind diese so extrem erfolgreichen Menschen zu dem geworden, was sie sind? Ganz einfach: Sie leben ihre wahre Berufung. All diese Gewinner-Persönlichkeiten arbeiten in einem Job, den sie lieben und für den sie außergewöhnlich gute Fähigkeiten besitzen.

Diese Leute hätten niemals so großen Erfolg gehabt, wenn sie einen für sie unpassenden Beruf gewählt hätten.

Wenn man auf einem Gebiet talentiert ist, hilft einem das nichts, solange man sich nicht selbst in eine entsprechende Position bringt, um das vorhandene Potenzial auszuspielen. Oliver Kahn z.B. wurde mehrfach zum besten Torhüter der Welt gewählt. Seine Begeisterung und seine Fähigkeiten waren außergewöhnlich. Wie wäre Kahns Karriere wohl verlaufen, hätte man ihn ins rechte Mittelfeld gestellt? Vielleicht hätte er es bis in die Regionalliga geschafft. Aber er wäre nie zu dem Gewinner-Typen geworden, wie er es durch die Ausübung seiner wahren Berufung als Torwart wurde.

Vielleicht sagen Sie jetzt: »Es kann ja nicht jeder Fußballprofi oder Sänger werden.« Natürlich nicht! Warum auch? Es will auch bei Weitem nicht jeder in diese Berufszweige einsteigen. Menschen haben unterschiedliche Interessen, Talente und Fähigkeiten. Wenn aber von 100 Realschülern der zehnten Klasse über 30 als weiteren Berufsweg »Ausbildung zum Bankkaufmann« angeben, kann man davon ausgehen, dass viele dieser Jugendlichen vorerst an ihrer wahren Berufung vorbeilaufen.

Würden Sie unbezahlt arbeiten?

Seien Sie ehrlich zu sich selbst: Wenn Sie kein Geld mehr in Ihrem Job bekommen würden und gratis arbeiten müssten, würden Sie dann, finanzielle Freiheit vorausgesetzt, damit weitermachen? Nur um der Tätigkeit willen? Weil es Ihnen so viel Freude bereitet, in diesem Bereich zu arbeiten, dass

Sie sich nicht vorstellen könnten, ohne das Ganze zu leben? Seien Sie ehrlich! Wenn Sie diese Frage uneingeschränkt bejahen können, gratuliere ich Ihnen! Sie leben Ihre Berufung. Falls Ihre Antwort »Nein!« lautet, ist es an der Zeit, sich beruflich neu zu orientieren.

Setzen Sie sich nicht unter Druck. Wenn Sie Ihre wahre Berufung gefunden haben, müssen Sie nicht von heute auf morgen Ihren alten Job hinwerfen. Die meisten Menschen brauchen ein regelmäßiges Gehalt, um sich und die Familie ernähren zu können. Wenn Sie einen Wechsel aus finanziellen oder sonstigen Gründen nicht sofort vollziehen können, arbeiten Sie eine Zeit lang in der alten Tätigkeit weiter und bauen sich nebenbei ein zweites Standbein im Bereich Ihrer wahren Berufung auf. So können Sie sich ganz ohne finanzielles Risiko in Ihren eigentlichen Traumberuf hineinentwickeln. Wenn Sie sich nach einer gewissen Zeit bereit fühlen und die Gelegenheit sich bietet, wechseln Sie aus Ihrem alten Job in Ihre neue Berufung. Ein großartiger Entwicklungsschritt zum Gewinner-Dasein und in ein glückliches Leben. Trauen Sie sich, Sie können es!

Das Gesetz der eigenen Berufung in Kürze:

- Ein Beruf ist nichts, wobei Sie arbeiten, »um zu …«, sondern eine Tätigkeit, »wofür« Sie leben.
- Im Beruf sollte man sich nicht abrackern müssen, sondern seine Erfüllung finden.
- Finden Sie heraus, wozu Sie sich berufen fühlen.

- Verschwenden Sie Ihre wertvolle Lebenszeit nicht mit einer Tätigkeit, die Sie eigentlich gar nicht mögen.

- Gewinner-Typen arbeiten in einem Beruf, den sie lieben und für den sie hervorragende Fähigkeiten besitzen.

- Bauen Sie sich neben Ihrem »alten« Job ohne Risiko ein zweites Standbein in Ihrer Berufung auf.

- Jeder Mensch kann seinen Traumberuf finden!

Was jetzt zu tun ist:

- Erstellen Sie eine Liste. In die linke Spalte schreiben Sie Dinge, die Ihnen in Ihrem Leben Freude und Spaß bereiten.

  In die rechte Spalte tragen Sie Ihre größten Stärken, Fähigkeiten und Talente ein – auch all das, was Sie lernen könnten, falls Sie es jetzt noch nicht beherrschen. Nehmen Sie sich Zeit dafür! Finden Sie pro Spalte mindestens 20 Punkte! Fragen Sie auch Verwandte und Freunde nach deren Meinung.

  Markieren Sie die jeweils fünf wichtigsten Punkte pro Spalte und führen Sie diese auf einem Blatt zusammen. Diese Kombination ergibt Ihre Berufung. Finden Sie eine Tätigkeit, die dazu passt. Dies ist Ihr Traumjob – ein Beruf, in dem Sie Ihre Stärken entfalten können und der Ihnen Freude macht!

18. Das Gesetz des Expertentums

Seien Sie deutlich besser als die Masse!

Da Sie dieses Buch lesen, gehe ich davon aus, dass es Ihnen ein Bedürfnis ist, sich weiterzuentwickeln. Sie möchten nicht mehr im Mittelmaß herumstolpern und so viel bzw. so wenig Erfolg haben wie die meisten anderen auch. Sie sind auf der Suche nach Ihrem persönlichen Durchbruch, denn ein Gewinner zu werden ist ja Ihr erklärtes Ziel. Im Anschluss an meine Vorträge kommen manchmal Leute zu mir und sagen: »Sie haben Recht! Ich will besser sein als das Mittelmaß! Aber wie?« Meine provokante Gegenfrage lautet: »Besitzen Sie denn überhaupt eine Fähigkeit, die Ihren Anspruch rechtfertigt, besser als das Mittelmaß zu sein?« Dann steht mein Gesprächspartner häufig mit offenem Mund und verlegenem Gesichtsausdruck da. Viele Menschen möchten sich zwar generell weiterentwickeln, es fehlt ihnen aber oftmals an der Kompetenz bzw. am Willen, sich diese anzueignen. Dabei verbindet alle Gewinner die Eigenschaft, in ihrer Branche etwas Außergewöhnliches zu sein oder zu können.

Aus diesem Grund sollten Sie auf einem für Sie adäquaten Gebiet ein Experte werden. Sie müssen herausfinden, was Sie besser können als andere, oder worin Sie in Zukunft besonders gut werden könnten. Absolut jeder Mensch ist mit mindestens einem außergewöhnlichen Talent ausgestattet. Wenn Sie Ihre Besonderheit herausgefunden haben, ist das Ihre Versicherung für Erfolg im Leben. Wirtschaftskrise und

Massenarbeitslosigkeit hin oder her – Experten werden zu jeder Zeit gesucht. An der Spitze fehlen immer Leute!

Werden Sie ein Experte!

Ganz gleich, in welcher gesamtwirtschaftlichen Lage sich die Welt befindet – entscheidend ist, dass Sie Ihre wahre Berufung finden und Sie Ihre Stärken so einbringen, dass Sie Ihrer Dienstleistung Ihren einzigartigen Stempel aufdrücken. Wichtig dabei ist, dass Sie einen Beruf oder ein Leistungsangebot wählen, das der Region, in der Sie leben, angepasst ist. Falls Sie z.B. in Andorra leben, widmen Sie sich keinen steuerberatenden Berufsfeldern – in Andorra gibt es weder ein Finanzamt noch Steuern.

Ein ernst gemeinter Ratschlag: **Werden Sie auf Ihrem Lieblingsgebiet einer der Besten, wenn nicht sogar der Beste.**

Unverzichtbar für Ihren Expertenstatus ist, dass Sie sich regelmäßig weiterbilden. Ich empfehle Ihnen mindestens zwei umfassende Fortbildungen pro Jahr, in denen Sie Ihr Fachwissen intensiv verbessern und Ihre fachliche Qualifikation erhöhen. Es gibt nichts Schlimmeres als zu versuchen, sich mit längst überholtem Wissen über Wasser zu halten. Leider gibt es viele Schein-Experten, die einmal in ihrem Leben eine gewisse Kompetenz erworben haben und meinen, dass dies für die nächsten 20 Jahre genügen müsse. Vielmehr sollten Sie es sich zum Hobby machen, Weiterbildungen und regelmäßige Schulungen zu absolvieren. Wenn Sie wirklich erfolgreich sein wollen, müssen Sie sich ständig weiterentwickeln, neue Eindrücke gewinnen und auf höchstem Niveau gebildet sein. Das bedeutet nicht, dass alle Neuerungen in Ihrer Branche richtig sind und Sie Ihr altes Wissen über Bord werfen sollten, aber Sie müssen sich ständig die Chance geben, dazulernen zu können. Machen Sie sich bewusst: **Ihre Bezahlung hängt in einem sehr hohen Maße von Ihrer Qualität und Ihrer Kompetenz ab.**

Vermarkten Sie sich entsprechend!

Ihre Bezahlung hängt aber auch davon ab, wie Sie Ihren Expertenstatus vermarkten können. Scheuen Sie auch keine branchenfremden Weiterbildungen. Sie sollten ein Experte mit einem breiten Basiswissen sein. Die Branchenbesten werden deswegen so hervorragend bezahlt, weil Sie zum einen etwas ganz Besonderes gut können und zum anderen dafür sorgen, dass möglichst viele Menschen dies wissen.

Ich habe einen Freund, der ein exzellenter Tennistrainer ist. Dennoch verdient er im Verhältnis zu seiner Kompetenz relativ wenig Geld. Sein Problem: Zum einen bildet er sich viel zu selten fort, um neue Einblicke und Kontakte zu bekommen. Zum anderen gelingt es ihm nicht, sich selbst und seine besonderen Fähigkeiten gekonnt zu präsentieren. **Ihr Expertenstatus hilft Ihnen nichts, wenn keiner davon weiß!**

Werden Sie in einem Bereich ein Experte, der Ihnen Freude macht und in dem Sie möglicherweise jetzt schon sehr gut sind. Begeisterung und Spaß sind zwei zentrale Erfolgsfaktoren. Wenn es Ihnen keinen Spaß macht, lassen

Sie die Finger davon! Werden Sie in Ihrem Spezialgebiet etwas Besonderes und zeigen Sie der Außenwelt, dass Sie etwas in einer hochwertigen Qualität zu bieten haben wie sonst niemand.

Weiterbildung ist unabdingbar

Eine Frage, die Sie sich selbst stellen sollten, lautet: »Was will ich tun, um als Experte zu gelten?« Was können Sie unternehmen, um in spätestens zehn Jahren zu den absolut Besten in Ihrer Lieblingsbranche zu gehören? Erstellen Sie einen Plan, wie Sie vorgehen wollen.

Lesen Sie außerdem möglichst alles, was zu dem Thema bereits geschrieben wurde. Lassen Sie sich von Fachleuten beraten. Sorgen Sie dafür, dass Sie im Laufe der Zeit alles Wichtige gelesen haben, was frühere Experten Ihres Faches veröffentlicht haben. Damit besitzen Sie ein außergewöhnliches Wissen, das Sie durch eigene Erfahrung und Kreativität erweitern können.

Ein Tipp dazu: Mit großer Wahrscheinlichkeit müssen Sie Dutzende Bücher, Zeitschriften und Internetartikel lesen, um umfassend informiert zu sein. Durchforsten Sie die Inhaltsangabe, suchen Sie sich die für Sie relevanten Textstellen heraus und markieren Sie diese. Filtern Sie die Quintessenz aus den Texten heraus, anstatt Ihr Gehirn mit unnötigem Wissen zu überladen.

Zwei Dinge sollten Sie lernen: Erstens: schnell zu lesen. Dazu empfiehlt sich ein Buch oder Kurs zum Thema »Speed Reading«. Zweitens müssen Sie gezielt die benötigten Informationen aus einem längeren Text oder Buch heraussuchen können. Vor ein paar Jahren hielt ich die Empfehlung meines Mentors Kurt Tepperwein, möglichst täglich ein Buch zu lesen, für utopisch. Ich verstand seinen Ratschlag falsch, denn um aus einem Buch das wirklich Wesentliche herauszuziehen, benötigen Sie mit etwas Übung nicht mehr als eine Stunde. Es sollte es Ihnen wert sein, diese Zeit in Ihre persönliche Weiterbildung zu investieren. Nehmen Sie sich fest vor, zumindest wöchentlich für neuen Input zu sorgen, um Ihre Kompetenz ständig zu erhöhen. Das ist der Schlüssel zum Erfolg!

Es gibt heutzutage übrigens die Möglichkeit, sich die Inhalte eines Buches zusammenfassen zu lassen. Auf Internet-Seiten wie z.B. *www.getabstract.com* können Sie gegen eine Jahresgebühr Buchzusammenfassungen erwerben. Googeln Sie das Wort »Buchzusammenfassungen« im Internet.

Die vier Säulen des Expertentums

Bauen Sie Ihren Erfolg als Experte auf folgenden vier Säulen auf:

1. Spezialisierung

Konzentrieren Sie sich auf ein spezielles Thema und streuen Sie Ihre Aufmerksamkeit nicht allzu sehr. Suchen Sie sich eine Marktnische oder ein kleines Segment, das Sie gut überblicken können. Als Vertriebsexperte von Tenniszubehör ist es nicht sinnvoll, ein großes Sortiment mit allen möglichen Produkten, wie z.B. Schläger, Saiten, Schuhe,

Kleidung und Bälle anzubieten. Sinnvoller ist es, sich auf ein Gebiet zu konzentrieren und darin ein absoluter Spezialist zu werden, mit weitaus mehr spezifischer Kompetenz als alle anderen. Reine Experten für Tennissaiten sind gefragte Leute! Glauben Sie bloß nicht, dass nur wenige Menschen einen Expertenservice in Anspruch nehmen. Experten sind gefragte Leute und werden gut dafür bezahlt, dass sie Spitzenkräfte sind.

2. Differenzierung

Heben Sie sich von der Konkurrenz ab, z. B. durch einen anderen oder besseren Service! Die Fähigkeit, durch hochwertige Arbeit aufzufallen, ist der wichtigste Faktor, von dem Ihr beruflicher Erfolg abhängt. Sie brauchen mindestens eine herausragende Fähigkeit und müssen diese unübersehbar nach außen präsentieren. Womit können Sie brillieren? Warum sollte ein Kunde sich an Sie wenden, nicht an die Konkurrenz? Um als Experte das Mittelmaß zu übertreffen, sollten Sie etwas können oder anbieten, was sonst niemand kann oder tut – zumindest nicht in dieser Qualität.

3. Segmentierung

Wählen Sie Ihre Zielgruppe genau aus. Versuchen Sie nicht, alle Menschen zu gleichen Teilen zu erreichen. Bestimmen Sie die Personengruppen, die von Ihnen am meisten profitieren können. Konzentrieren Sie sich auf Kunden mit Potenzial. Fragen Sie sich, wen genau Sie ansprechen wollen. Erst wenn Sie wissen, wer Ihre Kunden sind, können Sie selbst gefunden werden.

4. Konzentration

Fokussieren Sie ausschließlich Ihr Kerngeschäft. Beschäftigen Sie sich nicht mit Dingen, die mit Ihren zentralen Aufgaben oder Begeisterungen nichts zu tun haben. Diese Regel war auch für mich während des Aufbaus meiner Beratungstätigkeit wichtig. Wenn man ein neues Geschäft aufbaut, fallen unzählige Aufgaben und Arbeiten an. Es muss eine Homepage geplant werden, Logos und Druckunterlagen müssen entstehen, zahlreiche organisatorische Angelegenheiten fallen an usw. Viele kommen dann auf die Idee, alles selbst machen zu wollen. Der Hintergrund ist klar: Kosten sparen! Doch dieser Gedanke ist ein großer Irrtum! Als Experte muss man die zur Verfügung stehende Zeit überwiegend auf die eigenen Kernkompetenzen konzentrieren.

Ablenkungen verursachen rapiden Leistungsabfall! Dieses Phänomen können Sie auch bei jungen Sportstars beobachten. Sobald sich der Sportler aufgrund unzähliger Presse- und Werbetermine, Autogrammstunden und sonstiger Veranstaltungen immer weniger auf den Sport konzentrieren kann, rutscht er in ein Leistungstief. Nachdem ich früher einmal den gleichen Fehler gemacht hatte, konzentrierte ich mich beim Start meiner neuen Karriere ausschließlich auf das, was ich am besten konnte und was ich am liebsten machte – Vorträge und die Arbeit mit Menschen. Investiert man seine Zeit dagegen in andere Bereiche, hat man einen doppelt negativen Effekt. Zum einen kümmern Sie sich weniger um Ihre Aufgaben als Experte, was sich im Hinblick auf Ihre Auftragslage und Arbeitsfreude negativ auswirken wird. Zum anderen können Sie

Dinge, die nicht zu Ihren Kernkompetenzen gehören, oftmals nicht mit optimaler Qualität erledigen. Geben Sie Aufgaben ab, auch wenn das Geld kostet. Es ist Ihre Aufgabe, sich als Experte zu verkaufen und auf diese Weise Vermögen aufzubauen. Überlassen Sie Dinge, in denen Sie kein Experte sind, Menschen, die darin Experten sind. An Ihrem Erfolg sollten nur Profis mitwirken – Sie selbst in Ihrem Bereich und einzelne Partner mit anderen Schwerpunkten.

Kommen Sie mir auch nicht mit der Ausrede: »In dem Gebiet, in dem ich Experte bin, kann ich nicht genug Geld verdienen.« Es gibt praktisch nichts, womit man kein Geld verdienen könnte. Sogar Leute mit den seltsamsten Fähigkeiten und Dienstleistungen finden zahlreiche Kunden.

Als Experte brauchen Sie keine Aufträge oder Auftraggeber zu suchen – Sie werden gesucht! Überlegen Sie sich, was das für Ihr Leben bedeutet! Erschaffen und pflegen Sie Ihr großartiges, geistiges Kapital und genießen Sie Ihr Expertenleben in vollen Zügen.

Das Gesetz des Expertentums in Kürze:

- In jedem Menschen schlummern besondere Talente, mit Hilfe derer er zu einem Experten werden kann.
- Experten heben sich deutlich von der Masse ab.
- Echte Profis konzentrieren ihre Zeit und Energie auf ihr Spezialgebiet. Ablenkungen führen zu Leistungsabfall.

- Ihr Expertenstatus ist wie eine Versicherung für Erfolg. An der Spitze fehlen immer Leute!
- Regelmäßige Weiterbildung ist das tägliche Brot eines Experten.
- Als Experte gelten Sie erst, wenn andere Menschen auch wissen, dass Sie einer sind. Vermarkten Sie Ihre Einzigartigkeit!
- Bauen Sie Ihren Erfolg als Experte auf den folgenden vier Säulen auf: Spezialisierung, Differenzierung, Segmentierung, Konzentration.

Was jetzt zu tun ist:

- Finden Sie Ihr Spezialgebiet/Lieblingsthema und eignen Sie sich darin ein umfassendes Expertenwissen an.
- Finden Sie Ihre Zielgruppe! Wer hat durch Ihre Produkte oder Dienstleistungen einen großen Nutzen?
- Bilden Sie sich so oft wie möglich weiter. Besuchen Sie mindestens zweimal im Jahr ein Weiterbildungsseminar und lesen Sie Bücher zu Themen Ihrer Branche.
- Seien Sie kein Fachidiot, sondern stellen Sie Ihr Wissen auf breite Beine.
- Geben Sie Aufgaben ab, in denen Sie kein Experte sind.
- Lernen Sie, sich zu vermarkten! Fortbildungen sind gerade in diesem Bereich sehr wichtig.

19. Das Gesetz des Geldmachens

Geld muss man sich nicht verdienen, man muss es machen!

Jetzt sind wir bei einem der heißesten Tabuthemen überhaupt angekommen – dem lieben Geld. Kaum etwas anderes ist für die meisten Menschen wichtiger – und über nahezu nichts wissen sie gleichzeitig so wenig Bescheid. »Über Geld spricht man nicht, Geld hat man«, ist eine typische Phrase von Personen, die mit dem schnöden Mammon zwar nicht besonders viel zu tun haben, aber dennoch gerne möglichst viel davon auf ihrem Bankkonto sehen möchten. Es ist eine traurige Tatsache, dass viele Menschen alles andere als im finanziellen Wohlstand leben, da am Ende des Geldes meist noch zu viel Monat übrig ist. Allein in Deutschland stehen laut Statistik über drei Millionen Haushalte vor der Zahlungsunfähigkeit!

Deshalb ist Geld die wichtigste Nebensache der Welt: Es wird erst unwichtig, wenn man genug davon hat. Solange man finanzielle Probleme hat, spielt Geld eine Hauptrolle, die ihm im Grunde nicht zusteht. Unsere Lebenszeit ist zu kurz und vor allem zu wertvoll, als dass wir uns hauptsächlich nur mit Geld beschäftigen sollten. Ziel muss es sein, sich ein solides Grundeinkommen zu schaffen, um finanziell unabhängig zu werden und sich um die wirklich wichtigen Dinge im Leben kümmern zu können. **Wer sich im Leben für nichts anderes interessiert als Geld zu verdienen, verdient am Ende auch nichts anderes außer Geld.**

Lieben Sie Geld!

Geld muss man lieben, sonst kommt es nicht zu einem. Es ist interessant zu beobachten, wie übellaunig Menschen sind, die finanzielle Sorgen haben. Ein ehemaliger Arbeitskollege von mir handelte leidenschaftlich gerne mit Aktien. In der Zeit allgemein stark fallender Kurse trieb ich ihm einmal mit einer scherzhaften Bemerkung die Zornesröte ins Gesicht. Ich kam morgens ins Büro und sah ihn schon nervös vor dem Aktienchart an seinem Bildschirm sitzen. Ich holte tief Luft und rief durch den Raum: »Achtung, Achtung, eine Durchsage. Der kleine Dax möchte bitte von seinen Anlegern aus dem Keller abgeholt werden!« Das hat nicht gerade zur Stimmung beigetragen!

Wie denken Sie über Geld? Haben Sie ein gutes Gefühl in der Magenregion, wenn dieses Wort fällt? Viele Menschen haben zeit Ihres Lebens deshalb ein Loch im Geldbeutel, weil Sie mit Geld Negatives verbinden. Dabei ist Geld weder gut noch schlecht. Geld ist neutral – es liegt in der Hand jedes Einzelnen, was er daraus macht. Ich kenne einen früher sehr erfolgreichen Unternehmer, der Ende der 1990er-Jahre mehrere Millionen Euro besaß. Geld war für ihn ein Segen, wie er sagte. Ein paar Jahre später verspielte er im Spielcasino alles bis auf den letzten Cent. Plötzlich meinte er, Geld sei ein Fluch. Beides war nicht der Fall. Ob etwas zu Ihrem Segen oder Fluch wird, entscheiden Sie ganz alleine. **Reich wird man im Kopf, arm allerdings auch.**

Geld muss man machen, nicht verdienen

Es ist erstaunlich, für wie viele Menschen Geld nach wie vor ein schlechtes Image hat. Doch schon allein unsere Sprache gibt uns ein negatives Bild vor. Im deutschsprachigen Raum muss man sich sein Geld »verdienen«, was unweigerlich zur Frage führt, ob jeder auch wirklich das Geld verdient, das er bekommt. Das Wort »verdienen« impliziert, dass man etwas erhalten könnte, was einem gar nicht zusteht. Oder anders ausgedrückt: Man muss etwas wert sein, damit man sich Geld verdient. Eine unsinnige Ansicht! Womit verdient ein Bill Gates Milliarden von Dollars und Sie nicht? Ist Bill Gates mehr wert, dass er so viel Geld verdient? Sicherlich nicht! **Geld muss man sich nicht verdienen, sondern es verursachen.**

In anderen Sprachen gibt es in diesem Zusammenhang deutlich positivere Formulierungen. Im Amerikanischen heißt es z.B. »to make money«. Die **machen** Geld. Die Engländer sagen: »to earn money«, hier **erntet** man Geld. In Frankreich wird Geld **gewonnen**: »gagner de l'argent«. Sie merken schon, wie bereits die Formulierung dem Ganzen eine ganz andere Energie verleiht. Wir sollten die in unserer Sprache vorherrschenden Vorbehalte gegenüber dem Erwirtschaften von Geld abbauen und es als neutrale Energieform ansehen, die man annimmt oder eben nicht. Geld muss man sich nicht verdienen, es reicht, wenn Sie regelmäßig genug davon machen!

Geld ist nichts Schlechtes

Die negative Einstellung zu Geld geht aber noch weiter. Kennen Sie die typischen Sprüche, die als fest eingebrannte Glaubenssätze in den Gehirnen vieler Menschen herumspuken? Sätze wie: »Geld stinkt!«, »Über Geld spricht man nicht.«, oder »In dieser Welt kommen nur die Schlechten zu Geld.« Wenn Sie eine dieser Einstellungen teilen, sitzen Sie in der Falle. Denn mit diesen Glaubenssätzen lehnen Sie Geld innerlich ab und sorgen somit dafür, dass Sie keines oder zumindest relativ wenig davon erhalten. Wenn Sie der Überzeugung sind, dass in dieser Welt nur die Schlechten zu Geld kommen, stoßen Sie Geld innerlich ab – denn Sie gehören ja schließlich zu den Guten. **Geld geht nur zu dem, der es liebt. Würden Sie zu jemandem gehen, der Sie nicht mag?**

Prüfen Sie diesbezüglich Ihre eigene Einstellung und lösen Sie alles Negative auf. Entwickeln Sie positive Glaubenssätze, wie z. B. »Ich habe ein Anrecht auf Geld«, »Geld ist in meinem Leben willkommen«, oder »Ich verdiene es, wohlhabend zu sein«. Wichtig dabei ist, dass Sie diese Sätze nicht nur lesen und denken, sondern sich auch emotional in die Aussage hineinfühlen. Sie müssen möglichst intensiv spüren, wie sich dieser Satz anfühlt. Erst wenn Sie dieses innere Gefühl des Reichtums intensiv und dauerhaft in sich spüren, strahlen Sie auch den notwendigen Wohlstand nach außen hin aus, wodurch Sie Geld anziehen werden. Laden Sie sich immer wieder mit dieser mentalen Geldenergie auf und beginnen Sie, äußerlich mit Freude das zu empfangen, was Sie innerlich verursacht haben. Erwarten Sie aber keine Wunderdinge. Steter Tropfen höhlt den Stein!

Treffen Sie außerdem eine Entscheidung, wie Sie zukünftig an Geld kommen wollen. Müssen Sie es sich weiterhin sauer und hart »verdienen«, können Sie es »machen«, wollen Sie es »ernten« oder dürfen Sie es »bekommen«? Viele Gewinner haben ihren finanziellen Reichtum ganz ohne übermäßig große Anstrengungen und Mühen erlangt. Sie müssen sich nicht zwangsläufig im Schweiße Ihres Angesichts abrackern. Wer um Geld zu erlangen, ständig fleißig ist wie eine Biene, schuftet wie ein Ochse und ackert wie ein Gaul, sollte sich überlegen, ob er nicht ein Kamel ist.

Der Fluss des Geldes

Geld darf kommen, aber auch zu gegebener Zeit wieder gehen. Es ist nichts anderes als eine Energieform – und Energien sollte man freien Lauf lassen. Ein englischer Ausdruck für Geld ist »currency«, was vom lateinischen Begriff »currere« abstammt. Das Wort »currere« bedeutet übersetzt »fließen«. Wenn Sie den Fluss des Geldes unterbrechen, indem Sie Geld innerlich ablehnen oder vorhandenes Geld festhalten wollen, wird sich das negativ auf Ihre Lebensumstände auswirken. Das verhält sich beim Thema Geld genauso wie in jedem anderen Bereich: Man sollte ehrlichen Herzens nehmen, aber auch geben können. Wenn Sie Ihr Geld krampfhaft festhalten, werden Sie selbst dank dieser Einstellung immer ärmer werden: Wenn man einen natürlichen Kreislauf unterbricht, herrscht Stillstand.

In einem Samenkorn befindet sich das Potenzial von Tausenden von Bäumen. Doch es hilft nichts, das Samenkorn in der Hosentasche zu verstecken. Man muss bereit sein, es der Erde zurückzugeben, damit daraus etwas Großes erwachsen kann. Auch das ist ein universelles Naturgesetz, auf materieller wie auf geistiger Ebene. Um mehr von etwas zu bekommen, müssen Sie genau davon etwas geben. Wenn Sie Liebe erfahren wollen, müssen Sie Liebe geben und ausstrahlen. Wenn Sie Ehrlichkeit suchen, seien Sie sich selbst sowie anderen gegenüber ehrlich und machen Sie keinem etwas vor, auch sich selbst nicht. Mit Geld ist es das Gleiche. Das Naturgesetz des Ausgleichs, sorgt immer dafür, dass am Ende alles wieder im Gleichgewicht ist.

Geben Sie Ihr Geld nicht für unwichtige Dinge aus!

Die Grenze zwischen Mangel und Wohlstand ist nur ein einziger Euro. Sobald Sie auch nur einen einzigen Euro monatlich mehr verbrauchen als Sie einnehmen, werden Sie zwangsläufig ärmer. Wenn Sie das Ganze umdrehen, wird Ihr zunehmender Wohlstand unvermeidbar. Halten Sie sich fern von Schulden – diese hindern Sie daran, sich ein Kapitalpolster aufzubauen. Schulden können im Ausnahmefall zwar auch intelligenter Natur sein, aber meistens haben Menschen Schulden, weil sie sich Dinge kaufen, die sie sich nicht leisten können. Das Modell der Ratenzahlung macht das Unheil noch größer als es ohnehin schon ist. Heutzutage erscheint es vielen Menschen ganz selbstverständlich, auf Kredit zu leben. Fast jeder ist verschuldet und muss einen beachtlichen Teil seines Einkommens zur Kredittilgung verwenden. Wenn Sie etwas in 24 Raten kaufen, zahlen Sie durchschnittlich zehn Prozent Zinsen, also in zwei Jahren 20 Prozent mehr. Bei Barzahlung hätten Sie dagegen zehn Prozent Rabatt bekommen, was einen Unterschied von 30 Prozent ausmacht!

Beim Immobilienkauf ist das Ganze noch extremer. Viele Menschen denken, sie besäßen ein Haus – dabei gehört in Wirklichkeit der Bank das Haus – sowie einem Schuldsklaven, der es nahezu dreimal bezahlen muss, ehe es ihm endgültig gehört. Er hat der Bank freiwillig zwei weitere Häuser bezahlt und haftet auch noch mit seinem ganzen Vermögen dafür. Gerade jene Menschen, die es sich am wenigsten leisten können, geben oftmals am meisten Geld aus.

Um nicht in die Spirale von Konsumschulden zu geraten, gibt es ein einfaches, aber wirkungsvolles Mittel. Legen Sie einen Zettel in Ihren Geldbeutel, auf dem steht: »Muss das wirklich sein?« In vielen Fällen werden Sie die Ware wieder zurück ins Regal stellen, wenn Sie diese Frage ehrlich beantworten. Der erste Schritt zum finanziellen Reichtum ist, kein unnötiges Geld mehr auszugeben. **Die meisten Menschen geben ihr Geld für Dinge aus, die sie nicht wirklich brauchen, um Menschen zu imponieren, die sie nicht wirklich mögen!** Falls das auch für Sie in irgendeiner Form zutrifft: Hören Sie sofort auf damit!

Geben Sie nicht mehr Geld aus als Sie haben!

Um Schulden vorzubeugen, gibt es ein einfaches Heilmittel: Sie müssen nur mehr einnehmen als Sie ausgeben bzw. weniger ausgeben als Sie einnehmen. Senken Sie die überflüssigen Ausgaben und beginnen Sie gleichzeitig, Ihr Einkommen zu steigern. Machen Sie das zu Ihrem Hobby. Das macht nach kurzer Zeit richtig Spaß! Denken Sie daran: **Finanziell reich werden Sie nicht durch Ihr Einkommen, sondern nur durch das, was Ihnen davon übrig bleibt.**

Es gibt eine beeindruckende Geschichte von dem Maler Pablo Picasso, der mit Freunden ausgiebig in einem Restaurant speiste. Nach dem Essen kritzelte Picasso für den Chef des Hauses ein paar Striche auf eine Serviette und bezahlte auf diese Weise die hohe Rechnung. Der Wirt war glücklich, denn schon damals war es etwas ganz Besonderes, einen echten Picasso zu besitzen – und sei es auch nur auf einer Serviette.

Ich finde diese Geschichte faszinierend, denn sie zeigt, dass jemand mit seinem Talent Geld in beliebiger Höhe machen kann. Die entscheidende Frage, die Sie sich stellen müssen, ist: Mit welchem Talent, mit welcher Fähigkeit können Sie wie Picasso Geld machen? Mir wurde von Kindheit an regelmäßig attestiert, dass ich die besondere Gabe hätte, mit Menschen umzugehen. Ich kann Leute motivieren, aufbauen, antreiben, überzeugen und, wenn es nötig ist, auch unsanft auf den Boden der Tatsachen zurückholen.

Vor einigen Jahren wurde mir dieser Umstand bewusst,

und ich entschied mich, dieses Talent zu Geld zu machen, indem ich als Mentalcoach und Redner möglichst viele Menschen in Form von Coaching und Vorträgen unterstützen kann. Auch Sie haben ein spezielles Talent und besitzen mit absoluter Sicherheit einige besondere Fähigkeiten. Ist Ihnen Ihre besondere Gabe bewusst? Wenn nicht, dann heißt das nicht, dass Sie keine haben, sondern nur, dass sie noch irgendwo in Ihnen vergraben ist. Suchen Sie danach! Jeder Mensch hat mindestens eine besondere Gabe. Wenn Sie sie finden und beruflich nutzen, können Sie Ihr Potenzial zu Geld machen.

Sinnvolle Geldanlagen

In meinen Vorträgen gehe ich sogar so weit, zu behaupten, dass in Deutschland praktisch jeder, der es wirklich will, Millionär werden könnte. Ein internationaler Finanzexperte meinte einmal zu mir: »In kaum einem anderen Land gibt es so viele vermögende Menschen wie in Deutschland. Aber auch in kaum einem anderen Land legen die Menschen ihr Geld so schwachsinnig an wie in Deutschland.« Haben Sie sich schon mal intensiv Gedanken über die Anlage des Ihnen zur Verfügung stehenden Kapitals gemacht? Es ist eine alte Weisheit, dass, wenn man einen Tag im Monat über Geld nachdenkt, man an diesem Tag oft mehr Geld macht als den ganzen restlichen Monat.

In Deutschland herrscht eine hohe Inflationsrate, auch wenn das von offizieller Seite anders dargestellt wird. Wenn Sie Ihr Geld zu einem Prozent auf dem Sparbuch parken, verliert es mit jedem Tag an Wert. Ihr Geld wird also weniger, und Sie schauen tatenlos dabei zu! Rechnen Sie nach, wie Ihr Geld wegen der Inflation in den kommenden Jahren dramatisch an Wert verliert, wenn Sie es nicht intelligent anlegen.

Angenommen, Sie verdienen im Monat 2000 Euro netto. Bei einer niedrig angesetzten realen Inflationsrate von acht Prozent liegt Ihre Kaufkraft in nur fünf Jahren bei nur mehr 1350 Euro! Sie müssten in fünf Jahren also rund 3000 Euro verdienen, um die gleiche Kaufkraft wie heute zu haben. In nur zehn Jahren hat sich Ihr Einkommen mehr als halbiert! Überlegen Sie, wie Ihr Lebensstandard wäre, wenn Sie nur noch das halbe Einkommen zur Verfügung hätten. Es ist nicht nur angenehm, sich ein Vermögen aufzubauen und das eigene Einkommen zu erhöhen, sondern es ist höchste Zeit, schleunigst damit anzufangen, ansonsten geraten Sie in die Armutsspirale.

Ich bin kein Anlageberater. Doch aus eigener Erfahrung möchte ich Ihnen ein paar Spielregeln in Bezug auf Geld mitgeben, die mir persönlich beim Aufbau meiner eigenen finanziellen Freiheit sehr geholfen haben.

1. Suchen Sie nach einem unabhängigen Finanzberater, dessen Provision in erster Linie davon abhängt, ob Sie Gewinne machen.

2. Beschäftigen Sie sich selbst mit der Thematik und geben Sie nicht alles in blindem Vertrauen aus der Hand. Informieren Sie sich über innovative und erfolgreiche Anlagemodelle. Man kann auch heute noch sein Geld auf seriöse Weise mit guten Renditen für sich arbeiten lassen.

3. Investieren Sie einen Teil Ihres Kapitals in materielle

Werte. Gehen Sie nicht zu 100 Prozent in »Papierwerte«, sondern legen Sie Ihr Geld auch in Sachwerten an.

4. Achten Sie darauf, dass Sie Ihr gesamtes monatliches bzw. jährliches Einkommen nicht verkonsumieren, sondern einen Teil davon reinvestieren. Bezahlen Sie sich bei der nächsten Gehaltsüberweisung zuerst einmal selbst. Nehmen Sie zehn Prozent oder, wenn möglich, mehr und legen Sie dieses Geld auf die Seite. Investieren Sie diesen Betrag gewinnbringend, auf materieller und geistiger Ebene. Reinvestieren Sie einen Teil dieses Geldes in Ihre Aus- oder Weiterbildung. In die Weiterentwicklung der eigenen Kompetenzen zu investieren, in Form von Vorträgen, Büchern oder sonstigen Medien, ist eine der wichtigsten Investitionen Ihres Lebens.

Ihr Ziel muss es außerdem sein, den anderen Teil des auf die Seite gelegten Geldes so zu investieren, dass Sie regelmäßige Zinsen oder Renditen erzielen. Achten Sie generell darauf, dass Sie beim Investieren Ihres Kapitals auch Anlageformen wählen, die Ihnen einen regelmäßigen monatlichen Cashflow bringen. **Ihr Kapital wird erst dann zu echtem Vermögen, wenn sich regelmäßige Einnahmen daraus generieren.** Investieren Sie Ihr Geld also so, dass es sich selbst vermehrt und sich ein regelmäßiger Cashflow daraus ergibt, z. B. in Form von Zinsen oder sonstigen Renditen. Das Optimum wäre, wenn das angelegte Geld in der Zukunft selbstständig so viel monatlichen Cashflow erwirtschaften würde, dass Sie nicht mehr für Geld arbeiten müssen. Machen Sie sich diese Chancen bewusst und suchen Sie nach intelligenten, seriösen Anlageformen. Es gibt auch in Zeiten der Wirtschaftskrise gute Investitionsmöglichkeiten! Wenn Sie finanziellen Wohlstand erreichen wollen, müssen Sie sich mit der Materie beschäftigen.

Ich empfehle Ihnen als erste Investition den Kauf des Buches »Rich Dad, Poor Dad. Was die Reichen ihren Kindern über Geld beibringen« von **Robert T. Kiyosaki.**

Der Weg zu finanziellem Erfolg

Beantworten Sie folgende Fragen: Wo stehen Sie heute finanziell und wo wollen Sie in fünf Jahren stehen? Was ist Ihr derzeitiges Einkommen und welches Einkommen hätten Sie gerne? Wie könnten Sie das erreichen? Definieren Sie ein klares Ziel inklusive der dafür notwendigen Schritte und halten Sie es schriftlich fest. Was könnten Sie tun, um Ihr Einkommen innerhalb von einem Jahr zu verdoppeln? Warum haben Sie das bisher noch nicht getan? Sind Sie bereit, es jetzt zu tun? Womit könnten Sie Ihren Erfolg beschleunigen? Wie können Sie sich besser qualifizieren und Ihren Marktwert entscheidend steigern? Wie werden Sie von Tag zu Tag noch besser?

Begeben Sie sich jetzt auf diesen Weg des finanziellen Erfolgs. Orientieren Sie sich an Menschen, denen dies bereits gelungen ist. Sprechen Sie mit finanziell erfolgreichen Menschen und fragen Sie sie um Rat. Wenn Sie Geld als einen Freund annehmen, Ihre negativen Haltungen aufgeben, sich klare finanzielle Ziele setzen und intensiv dafür arbeiten, diese zu erreichen, steht Ihrem finanziellen Wohlstand nichts mehr im Wege. So legen Sie die Grundlage für Ihren ganzheitlichen Wohlstand als Mensch und ein Leben als Gewinner.

Das Gesetz des Geldmachens in Kürze:

- Geld ist nicht gut und nicht schlecht. Es ist neutral und wird zu dem, was Sie darüber denken.
- Geld geht nur zu den Menschen, die es lieben und sich darum bemühen. Viele Menschen lehnen Geld innerlich ab.
- Negative Glaubenssätze verursachen (Geld-)Mangel.
- Geld muss man sich nicht verdienen. Es darf kommen und wieder gehen. Es muss fließen.
- Jeder Mensch kann aus seinen Potenzialen Geld machen.
- Viele Menschen legen ihr Kapital unvorteilhaft an und unterschätzen den Zinseszinseffekt.

Was jetzt zu tun ist:

- Stellen Sie sich Ihr Leben im Wohlstand vor. Wie fühlen Sie sich, wenn Sie es erreicht haben? Versetzen Sie sich mehrmals täglich in dieses Gefühl und wiederholen Sie dieses Ritual mindestens drei bis vier Wochen. Sie werden die Veränderung merken.
- Machen Sie sich einen schriftlichen Plan mit konkreten Zielen, Schritten und Aufgaben. Was tun Sie

---

kommende Woche dafür, um zukünftig ein höheres aktives (Arbeit) sowie passives (Zinsen) Einkommen zu haben?

- Überlegen und planen Sie, wie Sie Ihre inneren Potenziale und Talente zu Geld machen können.
- Investieren Sie in sich selbst, in Ihre Fähigkeiten, Ihr Wissen, Ihre körperliche und geistige Gesundheit. Sie selbst sind der Motor Ihrer persönlichen Geldmaschine. Sorgen Sie dafür, dass Sie täglich besser werden und steigern Sie unaufhörlich Ihren Marktwert!
- Recherchieren Sie vernünftige Optionen zur Geldanlage!

20. Das Gesetz der Ehrlichkeit

Hören Sie auf, sich selbst und anderen etwas vorzumachen!

In Japan gibt es eine Redewendung: »Auf dem Haupte der Ehrlichkeit hausen die Götter.« Ein schöner Spruch, der mit wenigen Worten ein ganz wesentliches Gewinner-Gesetz ausdrückt. Wenn Sie sich Ihr Leben als Gewinner mit den Bausteinen des Erfolgs aufbauen möchten, brauchen Sie als Grundlage dafür ein gutes Fundament. Wenn Sie auf einem schiefen Hanggrundstück bauen, wird das Haus früher oder später in sich zusammenfallen. Das Fundament Ihres Lebenserfolgs lautet Ehrlichkeit bzw. Aufrichtigkeit. Diese beiden Werte stellen die absolute Grundlage dar, auf der alles andere aufbaut. Sie können sich im Beruf, im Sport oder bezüglich Ihrer Finanzen Ziele setzen, so viel Sie wollen – wenn diese Zielsetzungen nicht den Kern der Ehrlichkeit in sich tragen, werden Sie die dementsprechenden negativen Wirkungen erleben.

Ehrlich währt am längsten

Eine heutzutage weit verbreitete Methode, Geld zu machen, ist die des Empfehlungsmarketings. Hier geht es darum, verschiedene Produkte, wie beispielsweise Kosmetikartikel oder Gesundheitspräparate, durch Mundpropaganda weiterzuempfehlen. Die Leute sollen neugierig werden, das Produkt ausprobieren und später konsumieren. Es gibt auf diesem Gebiet sehr viele Produkte, und manche sind auch tatsächlich zu empfehlen. Allerdings geht es in vielen Fällen nur noch um Verkaufszahlen und Vertriebsprovisionen. Ehrlichkeit – Fehlanzeige! Einigen Verkäufern gelingt es sogar, ihre Kunden auf kurioseste Weise fortzujagen. Ich erlebte einmal in einer Zoohandlung eine schier unglaubliche Szene. Eine Frau suchte bereits seit mehreren Minuten in verschiedenen Regalen. Der Ladenbesitzer sah sich das Ganze von der Kasse aus an, ohne Hilfe anzubieten. Irgendwann gab die Kundin entnervt auf und marschierte mit grimmiger Miene auf den Ladenbesitzer zu. Die Kundin fragte in forschem Ton: »Haben Sie in diesem Saftladen Hundekuchen?« Darauf der Verkäufer: »Klar haben wir den. Soll ich ihn Ihnen einpacken oder wollen Sie ihn gleich hier fressen?«

Wer negativ mit Menschen umgeht, sie ausnutzt oder nur Umsätze und Provisionen im Kopf hat, kann weder erfolgreich noch glücklich werden. Oftmals geht es leider nur darum, irgendjemandem etwas unterzujubeln, mit Verkaufsargumenten, die an den Haaren herbeigezogen sind, und Versprechungen, die nicht zu erfüllen sind. Wenn das Fundament bzw. der Kern Ihres Wirkens nicht auf Ehrlichkeit und Respekt aufgebaut ist, werden Ihnen bald die Trümmer dieser selbst erbauten Fehlkonstruktion »Erfolg« um die Ohren fliegen.

Viele, die schon einmal Schiffbruch erlitten haben, übersehen beim Neuaufbau, dass nicht die Konstruktion an sich die Ursache für den Zusammenbruch war, sondern das schiefe Fundament. Alles, was auf einer unguten Grundlage aufgebaut wird, hat keine langfristigen Erfolgsaussichten. Verschwenden Sie nicht weiter unnötig Zeit mit unehrlichem Denken und Handeln, sondern beschäftigen Sie sich lieber mit der Überprüfung des Grund und Bodens. Ist das Fundament, auf dem Sie Ihr Leben als Gewinner und somit Ihren Erfolg aufbauen wollen, in Ordnung und auf Ehrlichkeit aufgebaut? Sind Ihre Einstellungen so ausgerichtet, dass man darauf etwas Großartiges erschaffen kann? Wollen Sie andere Menschen bereichern oder geht es Ihnen nur um Ihre eigene Bereicherung, zu der Sie andere benutzen? Das sind die zentralen Fragen, die Sie sich stellen müssen, wenn Sie gewillt sind, ein echter Gewinner zu werden.

Win-win-Situationen für alle Beteiligten

Ehrlichkeit wirkt sich auf zwei verschiedenen Ebenen aus. Zum einen geht es darum, anderen Menschen mit einer aufrichtigen Grundeinstellung zu begegnen. Seien Sie immer darauf bedacht, andere Leute nicht zu manipulieren. Machen Sie das Prinzip der Win-win-Situation zu Ihrem Leitmotiv. Aus einem Geschäft oder einer Abmachung etc. sollten immer alle Beteiligten als Gewinner hervorgehen. Viele scheinbar komplizierte Lebenssituationen lassen sich in Form einer Win-win-Strategie harmonisch lösen.

Vor einiger Zeit betreute ich als Coach einen Unternehmer, der sich von seinem Geschäftspartner trennen wollte. Er hatte große Angst vor einem Streit in Bezug auf die gerechte Aufteilung und Trennung des Firmeneigentums. Ich machte ihm den einfachsten und besten Vorschlag, den ich kenne: eine salomonische Lösung. Partner B teilt den gesamten Besitz in zwei, nach seinem Ermessen gleich große Teile auf. Partner A darf als Erster einen Teil auswählen. Eine stressfreie Lösungsmethode, die auf beiden Seiten zu einer Win-win-Situation führt. Derjenige, der aufteilt, wird diese Aufteilung so gestalten, dass er mit jedem der beiden Teile zufrieden ist – er weiß ja nicht, welchen Teil er bekommt. Der, der auswählt, kann sich denjenigen Teil nehmen, der seiner Ansicht nach größer oder vorteilhafter ist, und wird damit ebenfalls zufrieden sein. Zwei Menschen, zwei Gewinner.

Seien Sie stets fair, ehrlich und aufrichtig und machen Sie immer auch andere zu Gewinnern. Wenn Sie jemandem etwas geben und ihn dadurch ehrlichen Herzens zu einem Gewinner machen, werden Sie selbst dadurch ebenfalls zum Gewinner.

Sich selbst kann man nicht belügen

Der zweite Aspekt der Ehrlichkeit betrifft ausschließlich Sie selbst. Aus meiner Arbeit mit Sportlern weiß ich, wie talentiert der eine oder andere darin ist, anderen etwas vorzugaukeln, was nicht den Tatsachen entspricht. Wenn ein Trainer vor einem wichtigen Spiel das Team in die Pflicht nimmt, kann er machen, was er will, denn am Ende findet der Sportler immer Ausreden. Das ist im Sport genauso wie im Alltagsleben: Sie können andere anschwindeln, Ausreden vorschieben oder Dinge so darstellen, dass Sie selbst nicht in der Verantwortung stehen – aber am Ende ist eines klar: **Sie können sich niemals selbst belügen.**

Wenn Sie anderen Menschen, Dingen oder Umständen die Schuld geben oder sonstige Ausflüchte suchen, werden Ihnen das die Leute um Sie herum vielleicht abkaufen, aber Sie selbst wissen tief in Ihrem Inneren, dass es nicht stimmt. Sie können sich selbst nichts vormachen, und das ist auch gut so. Achten Sie aus diesem Grund noch mehr darauf, nicht nur zu anderen ehrlich zu sein, sondern in erster Linie vor allem sich selbst gegenüber! Man kann immer Ausreden finden, warum man seine Ziele nicht erreicht hat, warum man einem Menschen etwas mit fragwürdigen Argumenten verkauft hat, oder weshalb man so weitermacht wie bisher, weil es eben nicht einfach ist, im Leben etwas zu ändern. Wenn Sie glauben, sich z. B. weiter einreden zu müssen, warum Sie doch Ihren ungeliebten Job beibehalten müssen oder warum es Ihnen doch nicht gelingt, regelmäßig etwas für Ihre Fitness und Gesundheit zu tun – bitte sehr, es ist Ihre Entscheidung. Aber vergessen Sie nicht: **Wenn sich in Ihrem Leben etwas verändern soll, müssen Sie in Ihrem Leben etwas verändern.**

Kein Aber mehr!

Sätze wie der folgende sind typisch für Verlierer-Typen: »Ja ich weiß, eigentlich müsste ich dies und jenes machen. Aber...« Alle Sätze mit »aber« sind der Anfang vom Ende Ihres Erfolgs, denn nach dem Aber steht immer eine Ausrede: »Aber momentan geht's halt leider grade nicht.« oder »Aber ich habe heute keine Zeit.« oder »Aber ich hatte einfach zu viel Stress oder keine Lust.« usw. Mit diesen Sätzen versuchen Sie lediglich etwas zu rechtfertigen, was Ihnen selbst ein schlechtes Gewissen macht. Vielleicht reden Sie sich sogar ein, dass Sie daran glauben sollten, was Sie sagen. Aber nur weil Sie an etwas glauben wollen, was Ihnen recht wäre, wenn es stimmen würde, bedeutet das noch lange nicht, dass es stimmt und dass Sie außerdem auch wirklich selbst dran glauben.

Wenn Sie sich selbst bei etwas belügen, spüren Sie insgeheim genau, dass es einen Haken an der Sache gibt. Wollen Sie wissen, was der Haken ist? Schauen Sie in den Spiegel – schon sehen Sie ihn. Der Haken sind Sie selbst. Egal, wie geschickt Sie mit Worten und Gedanken versuchen, etwas schönzureden – Sie werden es niemals schaffen, sich selbst belügen zu können. Hören Sie noch heute auf damit. Seien Sie ehrlich zu sich selbst. Ein Gewinner muss sich selbst und anderen gegenüber immer die Wahrheit aussprechen. Alles andere führt über kurz oder lang zu Misserfolg und Unglück. Zögern Sie nicht lange, sondern kehren Sie sofort um, wenn Sie merken, dass Sie auf dem falschen Weg sind. Es wird nicht leichter umzukehren, wenn Sie noch länger in die falsche Richtung laufen. Das Gegenteil ist der Fall!

Es gibt den schönen Satz: »Ehrlich währt am längsten.« Überprüfen Sie, wo in Ihrem Leben Sie noch nicht ehrlich mit anderen und vor allem mit sich selbst umgehen. Wo lügen Sie sich selbst in die Tasche? Wenn Sie z. B. merken, dass Sie sich bisher selbst angelogen haben, indem Sie sich einredeten, in Ihrem Job oder in Ihrer Firma richtig zu sein, Sie aber im Grunde schon lange spüren, dass dies nicht der

Fall ist, dann akzeptieren Sie diese Erkenntnis. Sie brauchen deshalb nicht sofort den optimalen Lösungsvorschlag auf den Tisch zu zaubern. **Lösungen können sich immer erst dann ergeben, wenn man sich selbst ehrlich eingesteht, dass man für etwas eine Lösung braucht. Solange Sie sich aber selbst belügen, kann keine Lösung gefunden werden.**

Solange Sie an unehrlichen Denkmustern, Überzeugungen und Handlungen festhalten, wird sich der Erfolg in Ihrem Leben nicht blicken lassen. Sie müssen zuerst das Alte loslassen und sich selbst sowie anderen gegenüber auf einer ehrlichen und aufrichtigen Ebene gegenübertreten, damit Neues und Besseres daraus entstehen kann. Das erfordert Mut und ist nicht immer leicht, aber sich selbst und andere zu belügen und somit zielsicher auf Misserfolge zuzusteuern, ist verantwortungslos und fahrlässig. Treffen Sie die Entscheidung zur Ehrlichkeit. Ich verspreche Ihnen, dass dies Ihr Leben revolutionieren wird!

Das Gesetz der Ehrlichkeit in Kürze:

- Ihren Erfolg können Sie nur auf einem Fundament aus Ehrlichkeit und Aufrichtigkeit sich selbst und anderen Menschen gegenüber begründen.
- Wenn Sie anderen nicht mit maximalem Respekt und ehrlichen Umgangsformen begegnen, werden Sie dies über kurz oder lang zu spüren bekommen.
- Eine Handlung zwischen Menschen sollte immer eine Win-win-Situation zum Ergebnis haben.

- Wenn Sie andere zu Gewinnern machen, werden Sie automatisch auch selbst zum Gewinner.
- Selbstbetrug ist der sicherste Weg zum Misserfolg. Sie können jeden belügen, nur nicht sich selbst. Hören Sie auf, sich selbst und andere zu manipulieren.

Was jetzt zu tun ist:

- Notieren Sie auf einem Blatt Papier, in welcher Hinsicht Sie **anderen Menschen** gegenüber nicht aufrichtig sind. Bei welcher Person müssen Sie Ihr Verhalten ändern? Danach schreiben Sie alle Punkte auf, wo Sie **sich selbst** gegenüber noch ehrlicher werden müssen und wo Sie sich bisher selbst belogen haben. Verpflichten Sie sich dazu, jede Woche an mindestens einem Punkt zu arbeiten und für maximale Ehrlichkeit und Aufrichtigkeit in Ihrem Leben zu sorgen!
- Beginnen Sie damit, auch kleine »Notlügen« in Ihrem Leben so weit wie möglich zu eliminieren. Eine Notlüge ist immer der Beginn einer größeren Unehrlichkeit und führt auf Dauer zu Misserfolg. Stellen Sie Ehrlichkeit ins Zentrum Ihres Denkens, Sprechens und Handelns.

21. Das Gesetz vom Umgang mit Menschen

Lernen Sie, Ihre Mitmenschen richtig zu behandeln

Für Erfolg und Wohlstand auf allen Ebenen reicht es nicht aus, nur mit sich selbst im Reinen zu sein, denn Sie leben in einer Gemeinschaft. Aus diesem Grund ist es von großer Wichtigkeit, auch mit Ihren Mitmenschen gut auszukommen. Dass ein guter zwischenmenschlicher Umgang von zentraler Bedeutung ist, liegt nahe, denn es gibt nahezu keinen Lebensbereich, in dem Sie nicht mit anderen Personen zu tun haben. In der Familie, im Freundeskreis, im Sportverein, im Büro – ganz gleich, wo Sie hinschauen, es geht immer auch um Beziehungen zu Menschen in Ihrer unmittelbaren Umgebung.

Sie sind nicht als Einzelkämpfer geboren, sondern Teil einer Gemeinschaft, eines großen menschlichen Netzwerks. Das ist vergleichbar mit einer Uhr. Sie sind ein Rädchen im gesamten Uhrwerk. Wenn Sie nicht in der Lage sind, mit Ihrem direkten Umfeld zusammenarbeiten zu können, wird das Uhrwerk Ihres Erfolgs immer wieder ins Stocken geraten und irgendwann stillstehen. Natürlich müssen Sie nicht mit allen Menschen bestens befreundet sein, aber es ist unsere Aufgabe, jedem Menschen, dem wir begegnen, eine gemeinsame Basis anzubieten, auf der man miteinander auskommt.

Hier geht es nicht um Manipulation

Es geht nicht darum, dass Sie Ihre Ziele schneller erreichen, indem Sie andere Menschen gut behandeln und für sich gewinnen. Das wäre nichts anderes als eine versteckte Form der Manipulation. Die Menschen sollten aufhören zu versuchen, sich gegenseitig für ihre eigenen Interessen und Zwecke zu nutzen bzw. auszunutzen. Der Chef oder Manager in einem Unternehmen sollte die Mitarbeiter nicht antreiben – es geht darum, die Menschen zu **führen**.

Aber wie soll man andere Personen führen können, wenn man nicht einmal im Stande ist, das eigene Leben oder ein simples Gespräch zu führen? So manchem Menschen, der sich selbst am liebsten reden hört, möchte man zurufen, er solle den Mund halten und seinem Gesprächspartner zuhören. Wie soll man wissen, was andere Menschen bewegt und welche Bedürfnisse sie haben, wenn man sie nicht zu Wort kommen lässt? Wenn dann die Konversation größtenteils aus Kritik und Verurteilungen besteht oder ausschließlich über Themen gesprochen wird, die für einen selbst wichtig sind, sind Misserfolge die logische Konsequenz.

Im Grunde geht es darum, andere Menschen so zu nehmen, wie sie sind. Spielen Sie nicht den Menschenveränderer! Achten Sie darauf, dass Sie Ihre Mitmenschen nicht verbiegen und darauf, dass Sie selbst nicht verbogen werden. Begegnen Sie jedem mit maximalem Respekt und behandeln Sie andere so, wie Sie selbst behandelt werden wollen. Wenn Sie jemandem nichts Positives, Freundliches oder Wichtiges zu sagen haben, ist es dann nicht besser, den

Mund zu halten? Auch negative Aussagen über eine dritte Person, die nicht anwesend ist, ist eine weit verbreitete Unart. Es gibt durchaus Personen, denen es mit unglaublicher Geschicktheit gelingt, Menschen zu manipulieren und für eigene Ziele zu nutzen. Nach und nach bricht allerdings dieses auf Unehrlichkeit aufgebaute Kartenhaus in sich zusammen, da sich Menschen auf Dauer nicht belügen lassen. Wer mit Worten, Taten und Gedanken Unkraut sät, wird mit Sicherheit über kurz oder lang Unkraut ernten. Falls Sie selbst unfreiwillig zum Beteiligten an einem Gespräch werden, bei dem über andere Menschen in deren Abwesenheit hergezogen wird, empfiehlt sich Folgendes. Erstens: Versuchen Sie das Thema zu wechseln und lassen Sie es nicht weiter zu, dass in dieser Form über andere Menschen gesprochen wird. Zweitens: Machen Sie klar, dass Sie sich nicht daran beteiligen wollen, so über andere zu lästern – und schon gar nicht in deren Abwesenheit. Drittens: Brechen Sie das Gespräch ab. **Wenn Sie mit Menschen zusammen sind, die in Ihrem Beisein negativ über abwesende Personen sprechen, können Sie davon ausgehen, dass Sie selbst das Gesprächsthema sind, wenn Sie beim nächsten Mal abwesend sind.**

Als echter Gewinner sollten Sie ein Humanist sein, der sich auf die positiven Seiten von anderen Menschen konzentriert anstatt ihre Schwächen in den Vordergrund zu rücken.

Kehren Sie vor Ihrer eigenen Tür!

Wir sollten darüber hinaus aufhören, über die Unfähigkeit von Politikern und Managern zu schimpfen und uns erst einmal an der eigenen Nase fassen. Barbara Bush, die Mutter des früheren amerikanischen Präsidenten George W. Bush, hat einmal gesagt: »Nicht was im Weißen Haus passiert, ist wichtig – das, was in deinem Haus passiert, ist wichtig.« Diese Aussage hat einen wahren Kern. Wir sollten uns lieber um unsere eigenen Belange kümmern und darauf schauen, selbst ein guter Mensch zu sein, anstatt über die Unzulänglichkeiten anderer herzuziehen. Wenn Sie andere Menschen fördern und bereichern, werden Sie selbst das Gleiche zurückbekommen und Ihren Erfolg auf allen Ebenen verstärken können.

Natürlich sollten Sie Ihre Träume und Bedürfnisse wichtig nehmen. Allerdings sollte man sich in Bezug auf andere Menschen niemals selbst überbewerten. Als ich mit Anfang 20 in der Volleyball-Bundesliga als Manager arbeitete, stieg mir kurzzeitig der Erfolg zu Kopf. Ich sah mich als den Nabel des Vereins, des Erfolgs und der ganzen Welt. Plötzlich begann ich, mit manchen meiner Mitmenschen nicht so umzugehen, wie man es als Mitglied eines Teams machen sollte. Es fehlte mir an Führungsqualität und respektvollen Umgangsformen. Eines Tages war es dann so weit: Als ich mich wieder einmal selbst in den Himmel lobte, sagte mir ein Fan, ohne mit der Wimper zu zucken: »Wissen Sie was: Sie sind gar nicht so wichtig.« Überrascht stammelte ich: »Wie bitte?« Er sagte darauf: »Sie sind nicht so wichtig, wie Sie glauben. Sie sind nur ein kleiner Teil des Teams. Ein Ersatz für Sie wäre schneller gefunden, als Ihnen lieb ist.« Der Wahrheitsgehalt dieser Aussage traf mich ins Mark. Für diesen Denkzettel war es höchste Zeit geworden!

Ich verstand die Aufgabe hinter dieser Situation. Es ging darum, dass ich andere im Vergleich zu mir abwertete. Ich behandelte einige Mitmenschen nicht mehr mit dem nötigen Respekt und der vollen Anerkennung. Ich lernte sehr schnell, dass für Erfolg in einem Unternehmen, im Verein oder generell im Leben viele Personen Hand in Hand arbeiten müssen. Dabei ist keiner wichtiger oder unwichtiger als der andere. Alle sind Teil des Teams. Alle sind ein Rädchen im Uhrwerk, ohne das es nicht gehen würde. Doch egal, welches Rädchen ausfällt, es gibt dafür immer ein Ersatzteil. Austauschbar ist jeder. Ob Sie aber wirklich komplett zu ersetzen sind, entscheiden Sie durch Ihre Persönlichkeit. Das ist auch in der Wirtschaft so. Know-how kann man einkaufen. Aber echte Persönlichkeiten, die Charakter, Menschlichkeit und Führungsstärke aufweisen, sind nicht so einfach ersetzbar.

Bereichern Sie Ihre Mitmenschen!

Was einen Gewinner ausmacht, ist, dass es ihm gelingt, andere Menschen zu bereichern. Können Sie anderen etwas geben, so dass diese Menschen um etwas bereichert sind? Können Sie Ihren Mitmenschen in schwierigen Zeiten Mut machen oder rauben Sie ihnen die letzte Hoffnung? Fragen Sie sich selbst, was Sie einem anderen Menschen geben können? Sind Menschen, die Ihnen begegnen, nach dieser Begegnung reicher oder ärmer? Wenn Sie Ihren Mitmenschen etwas von sich schenken, und sei es nur ein Lächeln oder ein paar aufmunternde Worte, trägt das ebenfalls zu Ihrem Leben als Gewinner-Typ bei.

Die Top-Führungskraft der Zukunft ist ein **Menschen-Spezialist**, ein Menschen-Führer. Er nutzt andere nicht für seine eigenen Interessen aus, sondern führt Personen so, dass sie erkennen, was sie selbst wollen. Ein Unternehmen, in dem die Mitarbeiter ausschließlich für die Ziele des Managements arbeiten, hat über kurz oder lang ein massives Problem. Menschen kann und darf man nicht managen. Das Ziel sollte es eigentlich sein, für die Interessen und Bedürfnisse all jener Menschen zu arbeiten, die in direktem Bezug zur Firmenvision, den Produkten oder Dienstleistungen stehen – also für die Mitarbeiter und Kunden!

Respektvoller Umgang und ehrliches Interesse an Mitmenschen beginnt schon im privaten Umfeld. Wie viele Menschen gibt es, die keinen Blick mehr für andere haben. An dieser ich-bezogenen Denkweise scheitern übrigens auch viele Ehen und Beziehungen.

Halten Sie den Kontakt aufrecht

Ein Beispiel: Es gibt Menschen, die rufen nur an, wenn sie etwas wollen, brauchen oder wissen müssen. Ist dies nicht der Fall, hört man über Monate oder Jahre nichts von ihnen. Kennen Sie solche Personen?

Ich bin oft im Auto unterwegs und habe es mir angewöhnt, dabei zu überprüfen, zu wem ich schon länger keinen Kontakt mehr hatte. Wenn ich diese Person anrufe, ist die zweite Frage meist: »Was gibt's?«, oder »Was kann ich für dich tun?« Ich antworte dann immer: »Nichts. Ich rufe nur an, weil ich fragen wollte, wie es dir geht.« Am Anfang konnten das die meisten gar nicht glauben. »Wie, du rufst nur so an? Du musst doch einen Grund dafür haben.« Ja, der Grund ist der Mensch selbst. Ist das wirklich so außergewöhnlich? In was für einer Welt leben wir, in der sich Menschen nur melden, wenn sie was brauchen? Es geht ja nicht darum, dass Sie jeden Tag stundenlang telefonieren. Aber ab und zu jemanden ein paar Minuten Zeit zu schenken – was ist da dabei? **Wenn Sie sich nur für andere interessieren, solange Sie etwas von ihnen brauchen, interessiert sich keiner mehr für Sie, sobald er nichts mehr von Ihnen braucht.** Diese Umgangsform führt zielsicher in den Hafen der Einsamkeit.

Verändern und optimieren Sie Ihr Verhalten gegenüber Ihren Mitmenschen. Überlegen Sie, welche neuen Gewohnheiten oder Verhaltensweisen Sie entwickeln könnten, um Ihre Beziehungen zu anderen Personen zu verbessern. Vielleicht müssen Sie besser zuhören oder lernen, die richtigen Fragen zu stellen. Vielleicht sollten Sie geduldiger sein und sich für das Wohlbefinden anderer interessieren. Es gibt so viele Möglichkeiten für einen besseren zwischenmenschlichen Umgang. **Wenn Sie einen Teil dazu beitragen können, dass es anderen Menschen besser geht, wird es Ihnen selbst automatisch auch besser gehen!**

An dieser Stelle einige Grundregeln für den optimalen Umgang mit anderen Menschen:

1. Hören Sie auf, andere Menschen nur zu kritisieren.
2. Verschenken Sie ehrliche Anerkennung und Respekt.
3. Seien Sie ein guter Zuhörer.

4. Sprechen Sie nicht negativ über andere – insbesondere dann, wenn diese nicht anwesend sind.

5. Interessieren Sie sich aufrichtig für andere Menschen.

6. Schenken Sie Ihren Mitmenschen einen Teil Ihrer Zeit.

7. Schenken Sie Menschen Ihr Lächeln. Es bereichert andere, ohne Sie ärmer zu machen.

8. Denken Sie daran, dass für jeden Menschen sein Name eines der schönsten und wichtigsten Worte ist. Nennen Sie Ihr Gegenüber öfter beim Namen.

9. Melden Sie sich bei Ihren Mitmenschen, auch wenn es keinen speziellen Anlass dafür gibt. Halten Sie aktiv Kontakt.

10. Sprechen Sie über Themen, die auch den anderen interessieren.

11. Bestärken Sie andere Menschen in ihrem Selbstvertrauen.

12. Konzentrieren Sie sich auf die positiven Seiten des anderen.

13. Achten Sie die Meinungen und Ansichten anderer Menschen.

14. Wenn Sie selbst im Unrecht sind, geben Sie es zu.

15. Begegnen Sie anderen stets mit Freundlichkeit. Es ist nett, wichtig zu sein, aber es ist wichtiger, nett zu sein.

16. Seien Sie offen für Vorschläge und Wünsche anderer.

17. Sprechen Sie zuerst von Ihren eigenen Fehlern, bevor Sie sich mit den Fehlern anderer beschäftigen.

18. Machen Sie Vorschläge anstatt Befehle zu erteilen.

19. Ermutigen und bereichern Sie das Leben anderer.

20. Seien Sie großzügig mit Lob.

Das Gesetz vom Umgang mit Menschen:

- Um ein Gewinner werden zu können, müssen Sie zum Menschen-Spezialist werden.

- Menschen gehören geführt, nicht gemanagt.

- Das Uhrwerk Ihres Erfolgs läuft nur, wenn Sie als menschliches Zahnrädchen mit anderen Menschen harmonieren.

- Jeder Mensch ist austauschbar, aber echte Menschen-Spezialisten sind kaum zu ersetzen.

- Interessieren Sie sich aufrichtig für andere und behandeln Sie Ihre Mitmenschen voller Respekt.

Was jetzt zu tun ist:

- Üben Sie, Menschen zuzuhören. Erkennen Sie, was die Leute um Sie herum bewegt und beschäftigt. Lassen Sie andere erzählen.

- Machen Sie es sich zur Gewohnheit, Verwandte, Freunde und Bekannte anzurufen. Erkundigen Sie sich, wie es dem anderen geht. Beginnen Sie mit Personen, zu denen Sie schon länger keinen Kontakt hatten.

- Nehmen Sie sich jede Woche eine der oben beschriebenen 20 Grundregeln vor und integrieren Sie sie in Ihren Alltag. Fangen Sie heute damit an. Wie wäre es mit Punkt 20: Loben Sie alle Personen, mit denen Sie beruflich oder privat zu tun haben, deutlich öfter als bisher. Sie werden erstaunt sein, was das bewirkt!

22. Das Gesetz der Selbstbestimmung

Hören Sie auf, sich zum Spielball Ihrer Umwelt zu machen!

Bestimmt kennen Sie eines der folgenden Szenarien: Sie haben einen romantischen Abend mit Ihrem Partner geplant, doch plötzlich wirft ein Auftrag Ihres Chefs alle Planungen über den Haufen. Oder das Wochenende steht an, und eigentlich könnten Sie sich auf die kommenden zwei Tage freuen. Sie freuen sich aber nicht. Warum? Weil Sie von Freunden, Verwandten oder Bekannten zu irgendeiner Veranstaltung eingeladen wurden, auf die Sie keine Lust haben. Oder Sie betrachten sehnsuchtsvoll im Schaufenster eines Reisebüros ein Werbeplakat für eine Südafrikareise. Es ist Ihr Traum, einmal dorthin zu reisen. Aber leider wird daraus nichts, da Ihr Partner wie immer an den Gardasee fahren will. Und es wäre ja allein schon deswegen unmöglich, weil Sie niemals drei Wochen irgendwohin in den Urlaub fliegen könnten. Sie können doch Ihre Firma oder Ihre Familie nicht so lange im Stich lassen.

Die Fremdbestimmungs-Falle

Wenn Ihnen diese oder vergleichbare Situationen bekannt vorkommen, sitzen Sie definitiv in der **Fremdbestimmungs-Falle**. Viele Menschen lassen sich und ihr Leben überwiegend fremdbestimmen und degradieren sich damit zum Spielball ihrer Umwelt. Sie haben die Kontrolle über ihr Leben abgegeben und lassen andere entscheiden, wo es für sie langgeht. Sie haben sich selbst eines Großteils ihrer Macht entledigt, indem sie sich an den Meinungen, Vorstellungen und Erwartungen anderer Menschen oder von sonstigen äußeren Umständen orientieren. Sie haben den Fokus für ihre eigenen Wünsche, Bedürfnisse, Träume und Ziele verloren. Seien Sie ehrlich zu sich selbst und prüfen Sie einmal, in welchem Ihrer Lebensbereiche diese Tatsache zutrifft.

Es ist kein besonders angenehmer Moment, wenn man sich einzugestehen hat, dass Vieles im Leben in die falsche Richtung läuft. Aber immerhin haben Sie sich diesen unguten Zustand bewusst gemacht. Das unterscheidet Sie von einem Großteil der Leute, die in der gleichen Falle sitzen wie Sie. Fast jeder Mensch sitzt früher oder später mal in dieser Falle. Und wenn Sie ihr entkommen sind, kann es durchaus sein, dass Sie kurzzeitig erneut hineintappen. Sie können sich jederzeit entscheiden, wieder selbst ans Steuer zu treten!

Wenn Sie selbst bestimmen wollen, wohin Ihr Leben gehen soll, hat nichts und niemand die Macht, Sie davon abzuhalten. Andere erinnern Sie daran, dass Sie der Kapitän auf dem Schiff Ihres Lebens sind. Andere können gerne ein Stückchen mitfahren, aber nur Sie entscheiden, wohin die Reise geht! Wenn diese Richtung jemandem nicht passt, dann zeigen Sie demjenigen das Rettungsboot. Der ein oder andere wird auch dann noch versuchen, Sie davon zu überzeugen, dass Sie die Richtung Ihres Schiffes ändern müssen. Wenn jemand Ihre Position als Kapitän auf Ihrem Schiff des

Lebens ständig attackiert, werfen Sie ihn am besten eigenhändig über die Reling.

Sagen Sie laut und deutlich **STOPP** zu jeder Art von Fremdbestimmung in Ihrem Leben. Um ein echter Gewinner zu werden, müssen Sie den Erfolgsfaktor **Selbstbestimmung** für sich entdecken. Dann nehmen Sie sich selbst wichtiger und richten Ihr Leben anhand eigener Maßstäbe und Regeln aus. Erst wenn Sie mit sich selbst im Reinen sind und sich nicht mehr von anderen Menschen oder äußeren Umständen manipulieren lassen, können Sie zu einer echten Erfolgspersönlichkeit werden, die dauerhaft glücklich lebt und den Erfolg zum besten Freund hat.

Der wichtigste Mensch in Ihrem Leben

Um ein selbstbestimmtes Leben beginnen zu können, spielt es eine große Rolle, sich wieder mehr auf sich selbst zu konzentrieren. Die Aufmerksamkeit vieler Menschen ist nur nach außen gerichtet. Die meisten merken gar nicht mehr, wie stark sie sich von ihrer Außenwelt manipulieren lassen. Wie ist das bei Ihnen? Orientieren auch Sie sich primär an äußeren Gegebenheiten, Meinungen und Erwartungen anderer? Überprüfen Sie regelmäßig, ob Ihr Denken, Handeln und Ihre Lebensweise mit der richtigen Antwort auf folgende Frage übereinstimmt. Die entscheidende Gewinnerfrage lautet: »**Wer ist der wichtigste Mensch in Ihrem Leben?**«

Wenn ich diese Frage zehn Menschen stelle, bekomme ich zehn verschiedene Antworten. Die richtige ist oft gar nicht dabei. Viele sagen: »Meine Frau« oder »Meine Kinder«.

Das ist gut gemeint, geht aber in die falsche Richtung. Natürlich leben wir mit anderen Menschen in einer Gemeinschaft zusammen. Andere zu unterstützen und zu lieben ist unverzichtbar für ein erfülltes Leben. Aber die richtige Antwort auf diese Frage wäre: »Ich selbst!« Niemand anderes als Sie selbst sind der wichtigste Mensch in Ihrem Leben. Es ist Ihre vordringlichste Aufgabe, dafür zu sorgen, dass es Ihnen selbst gut geht – und zwar körperlich, emotional, psychisch, finanziell usw. Erst wenn das der Fall ist, haben Sie die Möglichkeit, sich um andere kümmern zu können. Was nützen Sie Ihren Kindern, Ihrem Partner, Ihrer Familie oder Ihren Freunden, wenn es Ihnen selbst schlecht geht? **Das Beste, was Sie für andere tun können, ist, als Allererstes dafür zu sorgen, dass es Ihnen selbst gut geht.**

Verabschieden Sie sich vom Helfersyndrom!

Legen Sie Ihr **Helfersyndrom ab**. Auch ich litt viele Jahre lang darunter, meine ganze Aufmerksamkeit nur darauf auszurichten, möglichst vielen Menschen weiterhelfen zu können. Das Ganze hat zwei Nachteile. Erstens: Sie verlieren dabei das Gefühl für Ihre eigenen Bedürfnisse und kümmern sich nur noch um die Wünsche, Sorgen und Nöte anderer. Ich habe viele sogenannte Lebensberater getroffen, die in ihrem eigenen Leben mindestens fünf »Baustellen« hatten, die gelöst werden müssten, bevor sie sich um die Probleme anderer kümmern sollten. Doch mit traumwandlerischer Sicherheit ignorieren diese Leute ihre eigenen Bedürfnisse und spielen den Lebenscoach für andere. Getreu dem Motto: »Wenn du dein eigenes Leben nicht aushältst, dann wühle im Leben anderer herum.«

Der zweite große Nachteil des Helfersyndroms ist, dass Sie sich von Meinungen und Bewertungen anderer abhängig machen. Sie fühlen sich erst dann gut, wenn andere Ihnen bestätigen, dass Sie etwas gut gemacht haben. Die Krux an der Sache ist aber: Sie können anderen nicht wirklich helfen. **Beim Helfen ist es wie beim Motivieren – beides kann man nur sich selbst gegenüber tun.**

Sie können andere Menschen unterstützen, aber Sie können ihnen nicht entscheidend helfen. Das muss der betreffende Mensch schon selbst machen. Ich selbst kann Menschen als Redner und Coach Impulse mitgeben, weil ich mein langjähriges Helfersyndrom abgelegt habe. Ich bin für mich der wichtigste Mensch in meinem Leben. Ich achte zuerst darauf, dass alle meine Lebensbereiche auf Erfolg ausgerichtet sind und ich mich dabei wohlfühle – erst dann kümmere ich mich um alles andere. Ich bin nicht wichtiger als andere Menschen, aber der Einzige, der mir selbst helfen kann. Ich nehme mich nicht selbst in die Pflicht, anderen zu helfen. Alles, was ich von mir verlange, ist, Menschen Chancen aufzuzeigen – mit maximaler Qualität. Es ist nicht meine Aufgabe, die Probleme anderer Menschen zu lösen. Genauso ist es auch nicht Ihre Aufgabe, die Sorgen und Nöte Ihrer Mitmenschen zu beseitigen. Die wichtigste Aufgabe in Ihrem Leben ist, dass Sie Ihren eigenen Erfolg herbeiführen und dass Sie selbst glücklich sind. Danach können Sie Zeit und Energie investieren, um Ihr Wissen mit anderen zu teilen, um deren Wohlstand zu vergrößern.

Machen Sie sich unabhängig!

Für einen Gewinner ist es unverzichtbar, sich von äußeren Umständen und Einflüssen unabhängig zu machen und nach den eigenen Vorstellungen und Maßstäben auszurichten. Erinnern Sie sich noch an die Geschichte vom Wettrennen der Kinder, deren Zeiten von den Lehrern nicht gemessen wurden? Diese Kinder werden zur Selbstbestimmung erzogen! Sie konzentrierten sich nur auf die eigene Leistung und Zufriedenheit. Vielleicht ist dieses Beispiel nicht eins zu eins auf Ihre Lebensbereiche übertragbar, aber es zeigt dennoch deutlich, was im Leben wichtig ist. Es kommt darauf an, dass man sich auf sich selbst konzentriert und sich nicht in Relation zu anderen setzt. Woher sollen andere wissen, was gut für Sie ist? Woher wissen andere, was Sie wollen? Vielleicht sagen Sie jetzt: »Ich weiß es ja selbst nicht.« Genau da liegt das Problem! Sie wissen es selbst nicht, weil Sie sich kaum mit Ihrem eigenen Leben und Ihren eigenen Bedürfnissen beschäftigen. Sie lassen sich von anderen vorschreiben, wie Ihr Tagesablauf auszusehen hat, welchen Tätigkeiten Sie nachgehen und was Sie zu tun und zu lassen haben. Muss es einen dann noch wundern, wenn man mit seinem derzeitigen Leben unglücklich ist?

Beginnen Sie, an Ihrem eigenen Wohlstand, Glück und Erfolg zu arbeiten. **Wer nicht an seinem eigenen Erfolg arbeitet, der arbeitet am Erfolg anderer.**

Keiner weiß besser, was gut für Sie ist, als Sie selbst. Nur sich selbst gegenüber müssen Sie Rechenschaft ablegen. Wollen Sie Ihr eigenes Leben oder ein Leben nach den Vorstellungen anderer leben? Was hält Sie davon ab, sofort damit zu beginnen, Ihre bisher unerfüllten Wünsche und Träume Schritt für Schritt in die Tat umzusetzen? Fühlen Sie sich frei! Nicht alles muss perfekt umgesetzt werden. Entscheiden Sie sich dafür, die eigenen Bedürfnisse in Ihrem Leben wieder in den Vordergrund zu rücken. Lassen Sie sich nichts mehr von außen aufzwängen, wogegen Sie einen inneren Widerstand verspüren. Niemand hat das Recht, Ihr Leben nach seinen Vorstellungen zu manipulieren. Es ist Ihr Leben, also leben Sie es! Niemand hält Sie auf, wenn Sie sich nicht selbst aufhalten! Machen Sie den ersten Schritt. Treten Sie wieder ans Steuerrad und geben Sie dem Schiff Ihres Lebens eine neue Richtung. Volle Fahrt voraus!

Das Gesetz der Selbstbestimmung in Kürze:

- Viele Menschen sitzen in der Fremdbestimmungs-Falle und lassen ihr Leben von außen manipulieren.
- Sie sind der Kapitän auf dem Schiff Ihres Lebens und Erfolgs. Sie entscheiden die Richtung, sonst niemand.
- Selbstbestimmt zu leben heißt, die Aufmerksamkeit wieder auf sich selbst zu richten. Sorgen Sie dafür, dass es Ihnen gut geht.
- Sie sind der wichtigste Mensch in Ihrem Leben.
- Legen Sie Ihr Helfersyndrom ab. Sie können niemand anderem helfen, denn jeder kann nur sich selbst helfen.

- Andere Menschen zu unterstützen ist wunderbar, aber das Beste, was Sie für andere tun können, ist, zuerst einmal dafür zu sorgen, dass es Ihnen selbst gut geht.
- Machen Sie sich frei von Meinungen, Erwartungen und Manipulationen anderer. Niemand hat das Recht über Ihr Leben zu bestimmen.

Was jetzt zu tun ist:

- Notieren Sie auf ein Blatt Papier die Fälle, in den Sie sich fremdbestimmen lassen. Auf einem zweiten Blatt schreiben Sie nieder, bei welchen Aspekten Sie sich zu wenig um sich selbst kümmern. Durchleuchten Sie Ihr berufliches und privates Umfeld. Arbeiten Sie ab sofort jede Woche täglich an jeweils einem Punkt auf beiden Blättern. Seien Sie aktiv und selbstbestimmt. Achten Sie auf Ihre Bedürfnisse und gehen Sie an die Umsetzung Ihrer Wünsche und Träume.

23. Das Gesetz der Einfachheit

Lösen Sie sich von komplizierten Dingen

Wir leben in einer Zeit, in der sich Dinge in rasender Geschwindigkeit verändern. Dadurch ergeben sich auch zahlreiche Chancen. Allerdings werden viele Menschen von den Verantwortungen und Aufgaben um sie herum sprichwörtlich überrollt. Die Arbeit steigt einem über den Kopf, denn fünf Leute warten dringend auf den Rückruf, zwei Termine müssen verschoben werden und außerdem droht man zum nächsten Meeting zu spät zu kommen. So oder ähnlich sieht leider der alltägliche Wahnsinn in unserer Gesellschaft aus. Nicht wenige Menschen funktionieren nur noch wie Arbeiter am Fließband, wobei das Fließband immer schneller und schneller läuft. Chaos, Stress, Überforderung, Frust, Krankheit und innere Leere sind die logischen Konsequenzen.

Vielleicht stecken auch Sie in diesem Dilemma. Auf der einen Seite möchten Sie all Ihre Potenziale entfalten und möglichst viel in kürzester Zeit erreichen. Auf der anderen Seite wollen Sie dabei aber Ihr Familien- und Privatleben, Ihre Gesundheit und Ihre Hobbys nicht vernachlässigen. Sie wollen beides – Erfolg im Berufsleben und private Ausgewogenheit und Freizeit. Geht das überhaupt?

Ja, es geht! Zahlreiche Gewinner haben Mittel und Wege gefunden, diese Ansprüche miteinander zu vereinen und zu verwirklichen. Wenn andere das können, ist es auch für Sie möglich! Beginnen Sie, eine Reihe von Tätigkeiten aus

Ihrem privaten und beruflichen Leben zu verbannen. Was Sie als Gewinner brauchen, ist Einfachheit und die Kontrolle über Ihre Zeit. Dazu müssen Sie sich einiger Zeitdiebe entledigen und wieder Freiraum schaffen. Vielleicht müssen Sie sich sogar von Dingen trennen, die Sie lieb gewonnen haben.

Investieren Sie einen Teil Ihrer Zeit darin, sich mit den Gesetzen des Zeitmanagements vertraut zu machen und gewinnen Sie auf diese Weise wieder die Macht über Ihre Zeiteinteilung. Die Zeit, die Sie dadurch gewinnen, ist um ein Vielfaches größer als die investierte Zeit zum Erlernen dieser Techniken. Kaufen Sie sich Bücher oder besuchen Sie ein Seminar zum Thema Zeitmanagement. **Ein einfacheres Leben können Sie nur erreichen, wenn Sie Ihre Zeit im Griff haben.**

Das Prinzip Einfachheit

Einfachheit ist sehr wichtig. Die genialsten Dinge und Erfindungen sind von ungeheurer Einfachheit. Die simpelsten Systeme sind meist die mit dem größten Erfolg. Das gilt auch für Ihr Leben. Unsere Informationsgesellschaft ist so verkompliziert worden, dass viele Leute den Überblick verloren haben. Die Politiker verstehen ihre eigenen Reformen kaum mehr, und Steuer- und Rechtsexperten raucht wegen der ständigen Umgestaltung von Gesetzen und Richtlinien der Kopf. Versicherungsmakler, Telekommunikationsmitarbeiter oder Bahnbeamte verirren sich im undurchschaubaren Tarifdschungel der eigenen Branche. Dabei ist das dringendste Gut, das heutzutage an allen Ecken und Enden benötigt wird, Einfachheit! **Wenn Sie auf der Suche nach einem krisensicheren Job sind, beschäftigen Sie sich mit der Frage, wo und wie Sie das Leben Ihrer Mitmenschen vereinfachen können. Einfach-Macher sind die Mitarbeiter der Zukunft.**

Alles Gute ist einfach. Die Natur und das Leben an sich sind zwar komplex, aber niemals kompliziert, sondern immer einfach. Wenn Sie auf etwas Kompliziertes im Leben stoßen, können Sie sicher sein, dass es ein Mensch dazu gemacht hat.

Jemand hat einmal gesagt: »Es ist einfach, Dinge zu verkomplizieren, aber schwer, sie zu vereinfachen.« Dieser Satz ist wieder ein typisches Beispiel dafür, wie man sich selbst blockieren kann. Etwas zu vereinfachen ist nicht grundsätzlich schwerer, als etwas zu verkomplizieren. Nicht immer sind die einfachsten Lösungen die schwersten. Das Problem liegt vielmehr in unserem festgefahrenen Denken. Wenn man sein problembehaftetes Denken loslässt, wird die Lösung oft ganz einfach. Am Beispiel der »Affenfalle« kann man dieses Prinzip gut nachvollziehen. In einem Experiment ließ man einen Affen durch die kleine Öffnung einer Glasscheibe, durch die gerade sein Arm passte, hindurchgreifen. Durch die Glasscheibe sah er verschiedene Spielsachen, nach denen er greifen wollte. Er ergriff ein Teil und wollte es durch die Öffnung ziehen, was nicht funktionierte, da das Spielzeug zu groß war und nicht durchpasste. Der Affe begriff den Zusammenhang nicht und zog mit schier unendlicher Geduld. Irgendwann geriet er in Panik, weil er festhing und glaubte, gefangen zu sein. Er konnte dieses Problem nicht lösen. Alles, was er tun musste, um wieder frei zu sein, war loszulassen. Der Affe ist nicht von ungefähr der direkte Vorfahre des Menschen. So mancher Mensch macht sich das Leben schwer, indem er alles gleichzeitig erledigen will. Das ein oder andere los- und wegzulassen, ist häufig schon die Lösung des Problems.

Drei Söhne und 17 Pferde

Wie simpel sich scheinbar unlösbare Probleme durch Vereinfachung klären lassen, zeigt folgende Anekdote:

Es war einmal ein Vater dreier Söhne, die er über alles liebte. Er besaß 17 Pferde. Als er spürte, dass seine Zeit zu sterben gekommen war, versuchte er, die 17 Pferde unter seinen Söhnen aufzuteilen. Er vermachte dem Erstgeborenen die Hälfte, dem mittleren Sohn ein Drittel und dem Jüngsten ein Neuntel seines Besitzes. Als der Vater gestorben war, versuchten die Söhne das Erbe nach seinem Willen aufzuteilen. Dem Ältesten hätten achteinhalb Pferde zugestanden, dem Mittleren Fünfzweidrittel und dem Jüngsten ein Pferd und ein Teil von einem anderen, und die Söhne waren ratlos und sahen keinen Weg, den Willen des Vaters zu erfüllen. Da kam ein weiser Mann des Weges und fragte die drei nach dem Grund ihrer Verzweiflung. Sie erzählten ihm von der unlösbaren Aufgabe, die ihnen der Vater hinterlassen hatte. Der Weise sagte: »Ich gebe euch mein Pferd dazu, dann ist es ganz einfach.« Sie bedankten sich und waren hocherfreut, als sie die einfache, aber geniale

Lösung erkannten. Nun bekam der älteste Soh neun Pferde, der mittlere sechs und der jüngste zwei. Insgesamt waren das 17 Pferde – so, wie es der Vater gewünscht hatte. Der Weise nahm sein Pferd und ritt seines Weges. Alle waren zufrieden, denn die Einfachheit hatte sie alle zu Gewinnern gemacht.

Ändern Sie Ihre Sichtweise!

Viele Probleme in unserem Leben haben wir unserer eigenen eingeschränkten Sicht- und Denkweise zu verdanken. Wenn wir unseren Standpunkt verändern und neue Wege gehen, ergeben sich neue Sichtweisen und somit auch Lösungsmöglichkeiten. Etwas im Leben zu vereinfachen, ist keine Zauberei und auch nichts, was nur wenigen vorbehalten ist. Überprüfen Sie, welches Problem in Ihrem Denken die Situation verursacht hat – und mit welchem Denken sie gelöst werden könnte. Wenn Sie Ihr Denken verändern, verändert sich immer auch die Situation – das Problem kann verschwinden. Das Leben wird einfach, wenn wir die von uns selbst erschaffenen Blockaden und Hindernisse aus dem Weg räumen. Nur wenn Sie Ihr Leben auf Einfachheit aufbauen, können Sie wirklich glücklich und erfolgreich leben. Kompliziertheit führt über kurz oder lang zu Verwirrung, Stress und Misserfolg. Hier sechs Grundregeln für ein Leben nach dem Gesetz der Einfachheit:

1. Treten Sie einen Schritt zurück

Wenn Ihnen alles zu viel oder zu hektisch wird, halten Sie inne und nehmen Sie etwas Abstand von der Situation. Fragen Sie sich: »Was muss ich jetzt ändern, dass es wieder anders wird?« oder »Wie geht das einfacher?« Lassen Sie sich nicht länger im Strudel der Hektik nach unten ziehen. Scheuen Sie keine Konfrontationen. Fokussieren Sie einfache Lösungen!

2. Werfen Sie Ballast ab

Beginnen Sie damit, gründlich in Ihrem Leben auszumisten. Fangen Sie in Ihrer Wohnung und an Ihrem Arbeitsplatz an. Räumen Sie auf und werfen Sie den unnützen Krempel weg, der sich im Laufe der Zeit angesammelt hat. Sichten Sie Ihre Ablage und bringen Sie Ordnung in Regale und Schränke. Schmeißen Sie auch alte Kleidung und Möbel weg oder verschenken Sie alles an bedürftige Menschen. Sie sollten sich geistig wie materiell nur mit dem beschäftigen, was wirklich wesentlich ist. Alles Vergangene gehört aus Ihrem Leben entfernt! Dazu zählen auch manchmal Personen.

3. Trennen Sie sich von überflüssigem Besitz

Prüfen Sie, welche Besitztümer Sie wirklich brauchen. Macht Sie der Besitz glücklicher oder lenkt er Sie eher vom Wesentlichen ab? Bedenken Sie, dass ein Zuviel an materiellem Besitz definitiv belastend ist. Besitz bindet Geld, Zeit und Aufmerksamkeit. Daher lohnt es sich, darüber nachzudenken, wofür man dies alles opfert. Besonders Immobilienbesitz kann zu einem Hemmschuh werden. Viele Menschen stellen fest, dass es angenehmer ist, zur Miete zu wohnen. Auch Stress mit selbst vermieteten Wohnobjekten kann man sich sparen, denn die Rendite des investierten

Geldes ist auch anders zu erreichen. Wie würde sich Ihr Leben verändern, wenn Sie dies oder jenes nicht mehr besäßen? Vielleicht stellen Sie bei so manchem Objekt fest, dass es möglicherweise eher befreiend wäre. Wenn dem so ist, trennen Sie sich so schnell wie möglich davon!

4. Schaffen Sie sich Luft zum Atmen und sorgen Sie für Stille

Sie müssen nicht immer alles sofort und perfekt erledigen. Relaxen Sie auch mal und lassen Sie alle fünfe gerade sein.

Verzichten Sie auf das ständige Gedudel von Radio und Fernseher. Viele Menschen tendieren dazu, sich ununterbrochen mit äußeren Reizen zu beschallen. Wie wollen Sie zur Ruhe und zu sich selbst finden, wenn Sie sich ständig äußerlichen Reizen aussetzen? Sorgen Sie für mehr Ruhe und Entspannungsphasen in Ihrem Leben. Nehmen Sie sich Zeit für sich selbst. Allein dadurch bekommen Sie den Kopf freier.

5. Delegieren Sie Aufgaben

Sie müssen nicht alles selber machen. Geben Sie Verantwortungen und Aufgaben an andere ab. Binden Sie die Menschen um sich herum stärker mit ein. Das können Kollegen, Mitarbeiter, Freunde, Verwandte oder auch Ihre Kinder sein. Wenn jede dieser Personen Ihnen ein bis zwei kleinere Aufgaben abnimmt, werden Sie dadurch stark entlastet.

6. Gehen Sie neue Wege

Fragen Sie sich bei Aufgaben, Terminen, Vorhaben oder sonstigen Verpflichtungen immer: »Muss das wirklich sein?« bzw. »Muss ich das wirklich so machen?« Stellen Sie sich die Frage, ob das, was Sie meinen, tun zu müssen, auch wirklich der Fall ist. Wenn ja, überlegen Sie, wie das Ganze für alle Beteiligten möglichst erleichtert wird.

Überprüfen Sie, welche Überzeugungen Sie zu diesem oder jenem Thema haben und ob sich Ihnen dank einer neuen Denkweise nicht ganz neue Möglichkeiten erschließen würden. Probleme und Kompliziertheiten verschwinden, wenn wir unserem Denken eine neue Richtung geben. Die meisten unserer Probleme haben wir mit unseren festgefahrenen Denk- und Glaubensstrukturen selbst erschaffen. **Probleme von heute sind nicht mit dem Denken von gestern zu lösen, sondern nur aus der Position neuer Blickwinkel heraus.** Umdenken ist angesagt! Ihr Leben wird auch einfacher, wenn Sie alte Denkmuster verlassen!

Das Gesetz der Einfachheit in Kürze:

- Einfachheit ist ein Grundprinzip des Erfolgs.
- Nur mit Einfachheit ist Erfolg dauerhaft möglich.
- Um Ihr Leben zu vereinfachen, müssen Sie die Macht über Ihre Zeit zurückgewinnen.
- Die gefragtesten Mitarbeiter sind diejenigen, die die Dinge vereinfachen können. Der Mitarbeiter der Zukunft ist ein Einfach-Macher.
- Die Natur und das Leben an sich sind einfach. Beides ist komplex, aber niemals kompliziert. Alles Komplizierte wurde vom Menschen erschaffen.

- Etwas zu vereinfachen ist genauso einfach wie etwas zu verkomplizieren.

- Einfachheit bedeutet auch, Dinge, Situationen und Menschen loslassen zu können.

- Wer sich Ruhe und Entspannung gönnt und Aufgaben delegieren kann, vereinfacht sein Leben deutlich.

- Die Probleme von heute sind nicht mit dem Denken von gestern zu lösen. Der einfachste und beste Weg ist, festgefahrene Denkweisen und Ansichten zu verändern.

Was jetzt zu tun ist:

- Besuchen Sie Seminare oder lesen Sie Bücher, um die Techniken effektiven Zeitmanagements zu erlernen.

- Entrümpeln Sie Ihr Leben.

- Arbeiten Sie mit den oben beschriebenen sechs Grundregeln zur Vereinfachung des Lebens.
  Nehmen Sie sich jede Woche eine Regel vor und machen Sie sich daran, in diesem Lebensbereich eine Verbesserung herbeizuführen.

24. Das Gesetz des Lebensspiels

Das Leben ist ein Spiel – spielen Sie!

Erfolg funktioniert immer dann am besten, wenn man die Dinge mit dem nötigen Ernst, aber zugleich locker und spielerisch angeht. Das gilt für den Beruf, den Sport, die Partnerschaft sowie generell fürs Leben. Meine am wenigsten erfolgreiche Zeit als Tennisspieler hatte ich, als ich die Matchergebnisse zu wichtig nahm. Ich vergaß, dass das Ganze ein Spiel ist, verkrampfte und kämpfte lange gegen eine Formkrise an. Spiele müssen gespielt, nicht gearbeitet oder gekämpft werden.

Mein Vater sagt immer: »Dieses Leben ist eines der härtesten.« Allerdings betont er das stets mit einem Augenzwinkern. Er ist ein Lebenskünstler, der mit stoischer Ruhe, Geduld und spielerischer Leichtigkeit die täglichen Herausforderungen bewältigt. Viele Leute können nicht fassen, dass er trotz seines extremen Arbeitspensums immer so gut gelaunt ist. Eine Angestellte seiner Steuerkanzlei fragte mich einmal unter vier Augen: »Sag mal, ist dein Vater eigentlich wirklich so?« Sie konnte es nicht glauben, dass ein Mensch, der tagtäglich so unter Strom steht, mit einer derartigen Leichtigkeit durchs Leben spazieren kann.

Aussagen wie »Das Leben ist grausam.« oder »Das Leben ist ein Kampf.« sind bei vielen Menschen an der Tagesordnung. Würden Sie diesen Aussagen zustimmen? Doch die entscheidende Frage lautet: Ist das Leben wirklich so hart oder machen wir es uns nicht zum Großteil selbst so schwer? Natürlich hält das Leben täglich neue Schwierigkeiten und Herausforderungen für uns bereit – mal kleinere, mal größere. Aber dieser Vorgang ist ein Naturprinzip. Auch in einem Spiel gilt es, Probleme zu lösen. Aber dennoch bleibt das Spiel ein Spiel – Aufgaben und Probleme zu meistern, ist Sinn und Zweck des Ganzen.

Das Leben ist nur ein Spiel

Bei diesem Spiel geht es um absolut nichts. Sie sind mit nichts auf die Welt gekommen und werden diese auch mit nichts wieder verlassen. Alles, was Sie in der Zwischenzeit an Geld, Titeln oder Objekten besitzen, ist nur für die Dauer des Spiels. Nichts davon nehmen Sie mit, wenn die Spielrunde beendet ist. Alles Geld, was Sie verdienen oder besitzen, ist Spielgeld. Egal, wie viel davon Sie im Leben machen, welcher Karriere Sie hinterherhecheln oder wie schnell Sie versuchen, vorwärtszukommen – am Ende stehen alle Menschen wieder auf der gleichen Stufe. Alles, was Sie aus diesem Leben mitnehmen können, sind die Erfahrungen und Erkenntnisse, die Sie im Laufe der Jahre gemacht und gewonnen haben.

Wenn man begriffen hat, dass das Leben an sich nur ein Spiel ist, bei dem es in Wirklichkeit gar nicht um all das geht, woran wir glauben, nimmt einem das viel von dem selbst auferlegten Druck. Sie kennen dieses Druckgefühl wahrscheinlich. Es ist der Druck, schnell vorwärtskommen zu müssen, möglichst viel Geld anzuhäufen, einen tollen

Berufsweg einzuschlagen und das Privat- sowie Familienleben so auszurichten, dass jeder glücklich und zufrieden ist. Die meisten Menschen laufen solchen oder ähnlichen Zielen hinterher und vergessen dabei, dass sie all das am Ende des Lebens nicht mehr interessiert.

Das bedeutet natürlich nicht, dass man sich solche Ziele nicht setzen sollte, ganz im Gegenteil. Um ein Leben als Gewinner zu erreichen, muss man dafür sorgen, dass alle Lebensbereiche auf Wohlstand ausgerichtet sind. Doch die Zielerreichung ist nicht so wichtig, wie viele Menschen meinen. Es geht vielmehr darum, die Wichtigkeit dieser Ziele richtig einschätzen zu lernen, sich auf den Weg zum Ziel zu konzentrieren und das Ganze lockerer und spielerischer anzugehen. Diese Entspanntheit tut nicht zuletzt auch der eigenen Gesundheit gut, was dazu beiträgt, dass man das Spiel des Lebens länger spielen kann.

Das Wichtigste im Leben ist, es zu genießen! Wenn Sie glauben, dass das Leben hart und ungerecht ist, wird das zu Ihrer Realität. Es gibt den schönen Satz: »Das Leben meistert man entweder spielend oder gar nicht.« Das trifft den Nagel auf den Kopf!

Es gab eine Phase in meinem Leben, in der ich mich emotional in einem Tief befand. Ich war Anfang 20, und meine Mutter wie auch einer meiner besten Freunde waren vor Kurzem gestorben. Ich machte mir außerdem Sorgen um meine berufliche Zukunft, und die Beziehung zu meiner Freundin lag in Trümmern. Doch dann meinte eines Tages ein älterer Mann, den ich um Rat gefragt hatte, zu mir: »Entspannen Sie sich. Das Leben ist ein Spiel.« Zuerst dachte ich: »Wenn der in meiner Situation wäre, würde er nicht so dumm daherreden.« Aber dennoch dachte ich noch lange Zeit über seine Aussage nach. Und irgendwann begann ich zu verstehen, dass das Ganze eine befreiende Art von Weltanschauung und Lebensführung darstellte.

Das Leben ist, was Sie daraus machen

Das Leben ist für die Menschen das, wozu sie es machen. Wenn Sie das Leben als hart ansehen, ist es für Sie hart. Wenn Sie das Leben aber als ein Spiel erkennen und beginnen, es mit einer gewissen Ernsthaftigkeit, aber auch mit Leichtigkeit zu spielen, entspannt sich vieles. Im Rahmen einer meiner Vorträge sagte einmal ein Mann zu mir: »Sie sagen das alles so einfach. Sie machen es sich leicht.« Ich antwortete: »Genau das tue ich. Ich mache es mir leicht. Und das sollten Sie auch tun!« Viele Menschen machen sich das Leben selbst viel zu schwer. Ich habe mich dazu entschieden, das Leben zu spielen. Das hatte eine faszinierende Wirkung auf mein Wohlbefinden – und meinen Erfolg.

In stressigen oder belastenden Lebensphasen halte ich einen Moment inne und frage mich selbst: »Ist es das Ganze wert, sich aufzuregen oder in Stress zu geraten?« Bisher lautete meine Antwort immer: »Nein!« Über 90 Prozent aller Dinge, über die man sich sorgt und aufregt, interessieren einen nach einigen Tagen oder Wochen ohnehin nicht mehr – man kann dann sogar darüber lachen.

Angenommen, Sie verlieren Ihren Arbeitsplatz oder Sie fahren Ihr Auto zu Schrott – wären das zwei triftige Gründe, um am Boden zerstört zu sein? Versetzen Sie sich ein paar Monate in die Zukunft und überlegen Sie sich, ob Sie sich dann immer noch über diese Vorkommnisse aufregen werden. Ist es das wert, sich selbst ins Tal der Tränen zu stürzen? Viel wichtiger ist doch die Frage, wie Sie auf diese Situationen am besten reagieren. Wie reagiert ein Gewinner darauf? Wenn Sie die Chance hinter dem Problem erkennen und nutzen, sagen Sie in naher Zukunft: »Gott sei Dank, hat mich mein Chef damals entlassen. Sonst würde ich jetzt immer noch meine Zeit in der alten Firma absitzen. Stattdessen war ich gezwungen, mir einen neuen Job zu suchen, und heute geht es mir sehr viel besser als damals!«

Sie merken schon: Von diesem Standpunkt aus verlieren sehr viele negative Situationen und Vorkommnisse an Wert und Energie. Im Spiel des Lebens scheinen die Dinge manchmal gut für uns zu laufen – und manchmal eben auch nicht. Entscheidend ist vielmehr, mit welcher Einstellung Sie das Spiel spielen. Räumen Sie beim »Mensch ärgere dich nicht« auch vor Wut den Tisch ab, wenn ein Mitspieler eine Ihrer Figuren schlägt? Wenn Sie dieses Ereignis als normalen Teil des Spiels betrachten, kommt kein Stress auf. Sie spielen einfach weiter.

Es geht beim Spielen nicht ums Siegen oder Verlieren. Beim Spielen geht's ums Spielen! Nehmen wir an, Sie wären der beste »Mensch ärgere dich nicht«-Spieler der Welt. Es gelingt Ihnen, alle Ihre Figuren als Erster ins Ziel zu bringen, während die anderen noch mitten im Spiel sind. Haben Sie gewonnen oder dürfen Sie nur nicht mehr mit-

spielen? Sie dürfen zwar von sich behaupten, Erster gewor-
den zu sein, aber die anderen spielen noch, Sie nicht mehr.
Die anderen haben noch Spaß, lachen und fiebern mit, und
Sie sitzen daneben und sind nicht mehr Teil des Ganzen.
Merken Sie was? Es geht im Spiel wie im Leben nicht um
den Gesamtsieg und auch nicht darum, immer Erster oder
Schnellster zu sein. **Nicht das Ziel ist das Ziel, sondern der
Weg dorthin.** Entscheiden Sie, ob Sie Ihren Lebensweg als
Kämpfer oder als Spieler gehen wollen. Es ist eine große
Befreiung, den Kämpfer hinter sich zu lassen und spiele-
risch durchs Leben zu gehen.

Das Beispiel Schach

Das Schachspiel veranschaulicht symbolisch sehr schön,
wie das Leben funktioniert. Ehe das Spiel beginnt, müssen
Sie die Farbe wählen – Schwarz oder Weiß. Damit bestimmen Sie auch, gegen wen Sie spielen. Wählen Sie Weiß,
sind Sie als Erster am Zug. Manchmal hat ein Spielpartner,
also das Leben, bereits die Farbe gewählt. Dann können Sie
nur noch wählen, was übrig bleibt. Beide Seiten bekommen
die gleichen Spielfiguren und damit dieselben Möglichkeiten. Sie können wählen, mit welcher Spielfigur Sie ziehen.
Jede Spielfigur hat nur begrenzte Möglichkeiten. Der Bauer
kann nur bis zu einem Hindernis geradeaus laufen und
kann sich nur das nehmen, was er mit einem Schritt erreichen kann. Der Läufer kann unbegrenzt geradeaus laufen –
entweder auf den weißen oder auf den schwarzen Feldern.
Je nachdem, ob er den weißen oder den schwarzen Weg ge-

wählt hat. Den bestimmt er schon ganz am Anfang. Auch der Springer kann nur ganz bestimmte Bewegungen ausführen. Dafür aber in jede Richtung – er kann damit die Farbe des Spielfeldes wechseln. Der Turm kann geradeaus laufen, soweit das Spielfeld reicht, und alles einnehmen, was ihm im Weg steht. Die Dame darf zwar überallhin, aber sie muss ihre Schritte sehr klug wählen, denn jeder kann sie schlagen, wenn er sie erreichen kann. Nur der König kann nicht geschlagen werden. Aber wenn er sich von anderen so begrenzen lässt, dass er keinen Spielraum mehr hat, ist er matt – und das Spiel vorbei.

Auch Sie sollten im Leben sorgfältig die Farbe und die Spielfigur, also die Persönlichkeit, als die Sie in Erscheinung treten, wählen. Besonders achtsam sollten Sie auch Ihren Standpunkt auswählen, der entscheidet, ob Sie auf einem schwarzen oder weißen Feld starten, und der die weiteren Möglichkeiten im Spiel des Lebens festlegt. Vor allem aber ist es wichtig, nie zu vergessen, dass man das Spiel des Lebens mit Freude spielen sollte. Sie sind nicht die Spielfigur, sondern der Spieler, der in jedem Augenblick aufs Neue die Wahl hat. Was wählen Sie?

Das Gesetz des Lebensspiels in Kürze:

- Das Leben ist ein Spiel!
- Das Leben meistert man entweder spielend oder gar nicht.
- Das Leben ist nur so hart wie Sie es nehmen.

- Im Spiel des Lebens geht es um nichts. Sie sind mit nichts gekommen und Sie werden mit nichts gehen. Geld, Titel und Objekte sind nur Spielzeuge, die nach dem Tod zurückgelassen werden müssen.
- Alles, was Sie aus diesem Leben mitnehmen werden, sind Erfahrungen und Erkenntnisse.
- In einem Spiel und im Leben geht es nicht ums Siegen oder Verlieren – es geht ums Spielen.
- Nicht das Ziel ist das Ziel, sondern der Weg dorthin.
- Ziel des Spiels des Lebens ist, es zu genießen.
- Sie sind keine Spielfigur, sondern der Spieler, der selbst seinen nächsten Zug entscheidet.

Was jetzt zu tun ist:

- Suchen Sie sich einen Lebensbereich aus, in dem Sie hart kämpfen müssen oder mit Mühe einem Ziel hinterherlaufen. Arbeiten Sie daran, das Ganze spielerischer zu sehen und den Druck rauszunehmen. Das Leben ist ein Spiel – es geht um nichts. Sehen Sie das Ganze sportlich. Was passiert, wenn Sie es nicht schaffen? Geht davon die Welt unter? Sie können nur gewinnen, aber nicht verlieren! Dokumentieren Sie schriftlich, wie sich Ihr Leben durch die neue spielerische Sichtweise verändert.

25. Das Gesetz des Handelns

Setzen Sie Ihr Wissen noch heute in die Tat um!

Wenn Sie an dieser Stelle angekommen sind, haben Sie vieles erfahren. Sie besitzen das notwendige Handwerkszeug, um Ihren privaten wie beruflichen Erfolg verwirklichen und ein Gewinner werden zu können. Doch das beste Werkzeug hilft Ihnen nur, wenn Sie es benutzen. Die tollste Bohrmaschine ist nutzlos, wenn Sie nicht zu bohren anfangen.

Etwas vorzuhaben ist das eine. Das Vorhaben umzusetzen das andere. Wie oft hört man den Satz: »Eigentlich weiß ich, was ich machen muss, aber die Umsetzung fällt mir so schwer.« Das Hauptproblem ist, dass viele Leute stolz sind, weil sie so vieles wissen. Nicht wenige vergessen darüber hinaus aber, vom Sofa der Faulheit aufzustehen, um den letztendlichen Erfolg in Eigeninitiative zu verwirklichen. Dabei müsste man einfach nur anfangen und den Weg des Erfolgs beschreiten. Ich habe die Erfahrung gemacht, dass viele Menschen nur suchen, aber nie wirklich etwas finden möchten. Wer ein Gewinner sein will, muss aufhören, über Sinnfragen des Lebens zu philosophieren.

Als Gewinner sollten Sie sich nicht in erster Linie für Fragen, sondern für Antworten interessieren. **Die Antworten auf die Fragen des Erfolgs liegen stets im Handeln!**

Auf das Handeln kommt es an

Es gibt Menschen, die kaufen sich unzählige Lebensratgeber, besuchen ein Seminar nach dem anderen und sind ein Meister der Theorie – aber gleichzeitig ein vollkommener Ignorant, was die praktische Umsetzung anbelangt. Was hilft es, theoretisches Wissen anzuhäufen, aber nicht im Stande zu sein, davon auch nur zehn Prozent umsetzen zu können? Der Satz: »Wissen ist Macht« ist einer der größten Irrtümer überhaupt. Natürlich ist Wissen eine wichtige Voraussetzung, doch für Ihren Erfolg zählt nur eines: Sie müssen Ihr Wissen praktisch umsetzen und ins Handeln kommen. Bei Immobilien bestimmen drei Kriterien den Wert eines Objektes: die Lage, die Lage und die Lage. Beim Erfolg verhält sich das ähnlich. Die drei entscheidenden Faktoren, um Erfolg verwirklichen zu können, lauten: Handeln, handeln und handeln! Ihre Zielsetzungsbilder und Pläne sind wichtig. Aber wenn Sie nicht in die Gänge kommen und aktiv etwas für Ihr Ziel unternehmen, bringt Ihnen das nichts.

Um Ihre Ziele verwirklichen zu können und Erfolg zu haben, müssen Sie Ihre tägliche Routine dementsprechend ausrichten. Die Entfernung zwischen München und Hongkong beträgt ca. 9000 Kilometer. Angenommen, Sie gehen zu Fuß in München los. Wenn Sie es zu Ihrer täglichen Routine machen, jeden Tag 50 Kilometer zurückzulegen, kommen Sie nach einem halben Jahr in Hongkong an. Entscheidend ist, dass Sie tagtäglich in die richtige Richtung gehen. Das, was Sie tagtäglich tun, muss mit Ihrem Ziel übereinstimmen, denn andernfalls ist Erfolg nicht realisierbar. Sehen Sie sich Ihr Alltagsleben an. Was ist Ihre Routine und kommen Sie mit dieser Routine an Ihr Ziel? Selbst ein Fernziel wie Hongkong ist mit der entsprechenden Tagesroutine innerhalb von sechs Monaten zu erreichen. Jeder kann diese Strecke zurücklegen. Die Menschen sind doch sowieso ständig auf den Beinen. Bloß laufen die meisten im Kreis. Wenn Richtung und Routine stimmen, erreichen Sie mit absoluter Sicherheit Schritt für Schritt Ihre Fernziele. Nur müssen Sie dafür eben so bald wie möglich losgehen – vom Landkartenlesen allein kommen Sie nicht an.

Unsere Lebenszeit ist zeitlich begrenzt

Wenn einem klar ist, dass man handeln müsste, man es aber dennoch nicht tut, ist das blanke Zeitverschwendung! Ihre Lebenszeit ist zeitlich begrenzt. Wenn Sie sich bewusst gemacht haben, was Ihre Ziele, Wünsche und Träume sind, Sie aber dennoch untätig herumsitzen, verraten Sie Ihre inneren Bedürfnisse – und somit sich selbst. Insgeheim wissen Sie ganz genau, dass es so ist, und dieses schlechte Gewissen wird Sie nicht loslassen, solange Sie nichts daran ändern. Sie können andere anschwindeln, aber nicht sich selbst. Vielleicht haben Sie in 20 Jahren genug von Ihrer Unzufriedenheit und fangen doch noch an, sich und Ihr Leben zu verändern. Der Punkt ist nur: Eigentlich hätten Sie schon vor langer Zeit gewusst, dass Sie einen anderen Kurs einschlagen sollten. Aber Sie haben sich nicht getraut, wirklich hinzuschauen. Jahre später, wenn der Leidensdruck dann groß genug geworden ist, verändern Sie Ihr Leben, fühlen sich gut und fragen sich: »Warum habe ich das nicht schon vor Jahren gemacht?«

Vergeuden Sie keine Sekunde Ihres Lebens mit etwas, von dem Sie wissen, dass es Ihnen nicht guttut, dass es Ihnen keine Freude macht und dass es in die falsche Richtung führt.

Ein Gefäß voller Kieselsteine

Die drei größten Zeitverschwender sind folgende. Erstens: Wenn Sie einem Beruf nachgehen, in dem Sie keine Entwicklungsmöglichkeiten haben und der Ihnen keinen Spaß macht. Zweitens: Wenn Sie eine Beziehung oder Ehe weiterführen, obwohl Sie wissen, dass das Ganze keine Zukunft hat. Drittens: Wenn Sie 25 000 Euro jährlich verdienen, obwohl Sie 100 000 Euro verdienen könnten. Denken Sie darüber nach, was davon auf Sie zutrifft bzw. was die drei größten Zeitverschwender in Ihrem Leben sind, und stellen Sie diese sofort ab.

Ich habe die schlechte Angewohnheit, Zeit zu verschwenden, schon vor längerer Zeit abgestellt. Eines Tages überlegte ich mir, wie alt ich voraussichtlich werde. Ich ging vom aktuellen Durchschnitt bei deutschen Männern aus, also von ca. 85 Jahren. Diese 85 Jahre entsprechen einer Lebensdauer von 4 420 Wochen. Ich sammelte exakt 4 420 Kieselsteine und gab sie in ein großes Gefäß. Ich stand davor und dachte mir: »Das ist also mein Leben.« Dann fiel mir ein: »Hoppla, stimmt ja gar nicht«, denn immerhin war ich schon 25 Jahre alt – somit waren bereits 1 300 Wochen ver-

strichen. Ich begann, 1 300 Kieselsteine wieder auszusortie-
ren. Es ist ein komisches Gefühl, sich vor Augen zu führen, dass ein Drittel Ihrer Lebenszeit bereits abgelaufen ist.
Überlegen Sie, wie viele Kieselsteine Sie aussortieren hätten
müssen. Wie viele Steine sind bei Ihnen noch übrig?

Als ich endlich fertig war, stand ich vor dem deutlich lee-
reren Gefäß und legte Folgendes fest: Ab sofort nehme ich
jeden Sonntag einen Kieselstein für die abgelaufene Woche
aus dem Gefäß und werfe ihn weg. Bevor ich das Steinchen
aber loslasse, überlege ich mir, ob es dieser Kieselstein wert
war, für immer vergangen zu sein. Habe ich in der vergangenen Woche meine Zeit genutzt und an meinen persönlichen
Zielen und Träumen gearbeitet? Oder habe ich meine eigenen
Bedürfnisse und Wünsche verraten und bin im Kreis gelaufen? Wenn Sie zwei oder drei Mal den Kieselstein wegwerfen
und sich selbst eingestehen müssen, dass er es im Endeffekt
nicht wert war, für immer verloren zu sein, dann werden Sie
anfangen, sich zusammenzureißen. Sie können nämlich dabei zusehen, wie Ihre Lebenszeit von Woche zu Woche, von
Monat zu Monat und von Jahr zu Jahr weniger wird. Ihre
Zeit ist so wertvoll! Nutzen Sie sie! Nichts und niemand hat
das Recht und die Macht, Sie davon abzuhalten, Ihr Leben so
zu gestalten, wie Sie es sich vorstellen – es sei denn, Sie lassen dies zu. Tun Sie das nicht und nutzen Sie stattdessen jedes Kieselsteinchen in Ihrem Leben!

Es ist wissenschaftlich erwiesen, dass wir ein geplantes
Vorhaben innerhalb von **72 Stunden** angehen müssen, weil
wir es sonst so lange aufschieben, bis wir es letztendlich
komplett fallen lassen. Beginnen Sie Ihr neues Leben inner-

halb dieses Zeitraums und bewegen Sie sich direkt auf Ihren Erfolg zu. Machen Sie innerhalb der nächsten 72 Stunden den ersten Schritt, auch wenn es vielleicht nur ein kleiner ist. Niemand hindert Sie daran. Gehen Sie los und leben Sie von heute an als Gewinner! Sie können es!

Das Gesetz des Handelns in Kürze:

- Die Antworten auf die Fragen des Erfolgs liegen stets im Handeln!
- Das beste Werkzeug hilft Ihnen nichts, wenn Sie es nicht benutzen.
- Nicht was Sie wissen, ist entscheidend für Ihren Erfolg, sondern was Sie davon umsetzen.
- Die drei Faktoren, um Erfolg verwirklichen zu können, lauten: Handeln, handeln und handeln!
- Richten Sie Ihre Tagesroutine auf Ihren Erfolg aus. Ein Gewinner gestaltet seine tägliche Routine anhand seiner Ziele, Träume und Bedürfnisse.
- Verschwenden Sie keine Lebenszeit. Werden Sie aktiv und zeigen Sie Eigeninitiative!
- Starten Sie Ihren Lebensweg als Gewinner innerhalb von 72 Stunden mit dem ersten Schritt. Gehen Sie einfach los. Der erste Schritt ist der Wichtigste!

Was jetzt zu tun ist:

- Notieren Sie die drei größten Zeitverschwender in Ihrem Leben. Nehmen Sie sich einen Punkt nach dem anderen vor und ändern Sie Ihr Leben diesbezüglich.

- Legen Sie gleich jetzt schriftlich fest, was Sie innerhalb der nächsten 72 Stunden als Erstes für Ihr zukünftiges Leben als Gewinner tun. Machen Sie eine Absichtserklärung: »Als Gewinner werde ich als Erstes _____«

Führen Sie diese Routine bei den nächsten Schritten fort – so lange, bis das Ganze wie von selbst läuft.

Dank

Es liegt mir sehr am Herzen, dieses Buch mit einer Danksagung zu beenden. Vieles widerfährt einem im Leben – Erfreuliches und weniger Erfreuliches. Entscheidend ist, was wir daraus machen und mit welchen Menschen wir uns umgeben, mit denen wir einen gemeinsamen Weg zurücklegen. Auf meinem bisherigen Lebensweg wurde ich von zahlreichen wunderbaren Menschen begleitet, die dazu beigetragen haben, dass ich mich in der Form entfalten konnte, wie es mir mein Herz vorgegeben hat.

In erster Linie bedanke ich mich bei meinen wunderbaren **Eltern**. Sie haben es mir stets ermöglicht, meinen Weg zu gehen. Meinem Vater danke ich speziell für sein Verständnis, seine Offenheit und die Hilfsbereitschaft, mich bei allem, was ich tue, als Sohn zu unterstützen.

Außerdem bedanke ich mich bei meinen **engsten Freunden** und meiner **Freundin** – dafür, dass sie da sind. Glück haben und glücklich sein sind zwei paar Stiefel. Mein Glück mit euch zu teilen macht mich glücklich!

Weiterhin bedanke ich mich bei meinen **Mentoren, Lehrern und Ausbildern.** Ein besonderer Dank geht an **Kurt Tepperwein,** der vor Jahren entscheidend dazu beitrug, dass ich mich getraut habe, alte Pfade zu verlassen, um den Weg meiner wahren Berufung zu gehen.

Ich bedanke mich beim **Verlag Mosaik bei Goldmann** und all seinen Mitarbeiterinnen und Mitarbeitern, die mir als jungem Autor ihr Vertrauen geschenkt haben.

Ganz besonders danke ich Ihnen als Leser bzw. Leserin dieses Buches. Ich danke Ihnen dafür, dass Sie sich dafür entschieden haben, mir einen Teil Ihrer Lebenszeit zu schenken, indem Sie dieses Buch lesen. Ich habe mein Bestes dafür getan, um Ihnen so viel wie möglich zurückzugeben. Ich bin der festen Überzeugung, dass Sie mit diesem Buch den Schlüssel dazu in der Hand halten, Ihr Leben nachhaltig positiv zu verändern.

Wir sollten viel öfter von ganzem Herzen »Danke!« sagen, gerade auch dann, wenn es uns gut geht. Wenn Sie mal traurig sind, schreiben Sie auf, für was Sie dankbar sein können. Es gibt so Vieles, wofür wir dankbar sein sollten und was nicht für jeden Menschen selbstverständlich ist. Sie können sehen, hören und schmecken. Sie umgeben sich mit geliebten Menschen. Sie haben ein Dach über dem Kopf und können Ihre Nahrungsmittel frei auswählen. Sie können Sport treiben und Sie können sich in diesem Land frei bewegen. Wenn Sie möchten, können Sie wie ein Gewinner leben, denn Sie haben die Wahl!

Machen Sie sich die Macht, die Ihnen innewohnt, immer wieder bewusst, seien Sie glücklich darüber und bedanken Sie sich dafür. Danken Sie auch Ihren Mitmenschen und sagen Sie ihnen so oft wie möglich, wie viel sie Ihnen bedeuten und dass Sie sie lieben. Schließen Sie Frieden mit sich und Ihrer Umwelt.

Denken Sie auch immer daran, dass Sie zu keinem Zeitpunkt alleine sind. Vertrauen Sie auf Ihre innere Führung, denn sie zeigt Ihnen stets den richtigen Weg. Richten Sie Ihre Aufmerksamkeit immer wieder auf Ihr Inneres. Wir werden durch dieses Leben **geführt** und zu jeder Zeit von der Kraft, die uns umgibt, unterstützt. Wir müssen nur genauer hinspüren und diese innere Führung wahrnehmen. Dazu möchte ich Ihnen noch eine kleine Geschichte mit auf Ihren Weg geben:

Ein Mann, dessen Leben beendet war, erschien vor Gott. Gott blickte mit ihm zusammen auf sein Leben zurück und zeigte ihm die vielen Lektionen, die er gelernt hatte. Dann sagte er: »Mein Sohn, möchtest du mich etwas fragen?« Der Mann antwortete: »Während du mir mein Leben zeigtest, fiel mir auf, dass da in guten Zeiten immer zwei Paar Fußspuren waren. Da wusste ich, dass du neben mir gingst. In schlechten Zeiten aber war da nur eine Fußspur. Mein Vater, warum hast du mich in schwierigen Zeiten verlassen?« Gott antwortete: » Es ist wahr, dass ich in guten Zeiten mit dir ging und dir den Weg zeigte. In schwierigen Zeiten aber habe ich dich getragen.«

Lassen auch Sie sich tragen und genießen Sie ein erfolgreiches, erfülltes und glückliches Leben als Gewinner! Es würde mich freuen, wenn wir uns einmal auf einem Vortrag, Workshop oder Seminar von mir persönlich kennenlernen würden, damit Sie mir von Ihrem neuen Leben berichten können. Bis dahin wünsche ich Ihnen von ganzem

Herzen alles Liebe und Gute und hoffe, dass Sie die Lektüre dieses Buches genießen konnten. Danke für die gemeinsame Zeit mit Ihnen!

Ihr Steffen Kirchner

Register

Umfeld, richtiges 159 ff.
Umfeld-Analyse 159 ff., 165
Umgang
    – mit Menschen 222 ff.
    – mit Problemen 121 ff.
Unzufriedenheit 81
Ursache und Wirkung 50 ff.,
    59, 109, 140, 143, 148
Urteile, negative 92

Verantwortungsbewusstsein
    59 f.
Verantwortungsübergabe
    57 f.
Verdrängung 142
Verlierer-Mentalität 57,
    163 f.
Vermarktung 193 f., 199
Visualisierungstechniken
    90 f.
Vorbilder 160 ff.

Weiterbildung 182, 192 ff.
Wille, Willensstärke 169 ff.,
    177
Win-win-Situationen 216 f.,
    220

Zeitkontrolle 240
Zeitmarken, Zeitraum 75,
    108
Zeitverschwender 259 ff.
Ziele 49, 61 ff., 71 ff., 176 f.,
    250 ff.
    – schriftliche Fixierung
      80 f., 83, 166 f.
    – Sein-Ziele 78
    – Zwischenziele 79, 83
Zieleigenschaften 78 f., 82
Zielformulierung,
    positive 73, 77, 82
Zielgerichtetheit 49
Zielgröße 75
Zielkonkretisierung 74
Zielsetzungen, Zielsetzungs-
    prozess 62, 70 ff., 75,
    77 ff., 93, 166 ff.
Zielstruktur 78 f., 82 f.
Zielterminierung 76
Zielvision 76
Zufriedenheit 66
Zuhören 223 f., 227 ff.,
    230
Zweifel 113 f.
Zweiter Eindruck 156 ff.